André Rousseau

Les ressources humaines
Le modèle québécois

Supporter l'entreprise à atteindre ses objectifs
Encourager l'employé à réaliser ses ambitions

VOLUME 1

Catalogage avant publication de Bibliothèque et Archives
nationales du Québec et Bibliothèque et Archives Canada

Rousseau, André

Les ressources humaines, le modèle québécois

ISBN 978-2-923656-16-8

Éditeur : François Martin
Révision : Geneviève Breuleux
Mise en page : DocZone
Conception et montage de la page couverture: Faustin Bouchard
Distribution (Canada) : Groupéditions Éditeurs et Messageries de Presse Benjamin

Tous droits de reproduction, d'édition, d'impression, de traduction, d'adaptation et de représentation, en totalité ou en partie, sont réservés. Reproduction interdite sans l'autorisation écrite de GROUPÉDITIONS ÉDITEURS, C.P. 88030, CSP Vieux-Longueuil, Longueuil (Québec) J4H 4C8
Téléphone: (514) 461-1385 − Télécopieur: (514) 461-1386
info@groupeditions.com
www.groupeditions.com

Les ressources humaines, le modèle québécois
ISBN 978-2-923656-16-8

© GROUPÉDITIONS
Dépôt légal - Bibliothèque et Archives nationales du Québec, 2009
Dépôt légal - Bibliothèque et Archives Canada, 2009

Merci…
À mes collègues, mes anciens coéquipiers et amis,
qui m'ont permis d'évoluer dans ce travail merveilleux
que sont les ressources humaines.

Merci…
À Danielle mon épouse, qui depuis maintenant 37 ans,
me permet d'exceller dans mon travail en m'encourageant
et en me supportant dans tous mes projets.
Ce fut une complicité privilégiée et inestimable.
Merci Danielle.

NOTE AUX LECTEURS

Dans cet ouvrage, j'ai le privilège de témoigner de ce que j'ai vécu en oeuvrant dans le domaine des ressources humaines pendant plus de 30 ans.

Je vous présente, sans prétention, l'expérience que j'ai acquise par la pratique dans le domaine des ressources humaines, et plus particulièrement, de la relation employé - employeur.

À mes débuts, la science des ressources humaines était plutôt limitée. C'était le début, tout aussi timide, du service des ressources humaines dans les entreprises.

J'ai eu à défendre des applications considérées avant-gardistes dans mon milieu et j'avoue que, comme plusieurs représentants R-H de l'époque, il y a eu des moments de réflexion pénibles.

Aujourd'hui, bien que la science des ressources humaines ait évolué, les services R-H doivent trop souvent se justifier et faire reconnaître dans les entreprises l'importance d'une gestion humaine de ses ressources.

Je vous encourage, vous nos gestionnaires québécois, à prendre connaissance des théories, des pratiques simples et efficaces, présentées dans cet ouvrage et de les appliquer dans votre organisation.

Qui sait, peut-être que votre richesse, vos employés, s'en portera mieux...

André Rousseau

Préface

Toujours à la recherche de nouveaux défis, André Rousseau se met au service de ses concitoyens en partageant son expertise est ses compétences.

Au cours des quinze dernières années, j'ai vu notre auteur passer de président de la Chambre de commerce à maire de sa municipalité. Par la suite, impliqué dans le financement des petites entreprises, il a développé un outil de recherche informatique afin de rendre les programmes gouvernementaux plus accessibles.

Ne nous étonnons donc pas qu'il souhaite aujourd'hui partager le fruit de son expérience en gestion des ressources humaines. Ayant agi comme gestionnaire salarié et consultant, il connaît bien son sujet.

Il vous offre ici, dans un style clair et pratique, mais jamais simpliste, tout ce que vous devez savoir afin de bien servir les intérêts de l'entreprise et de ses employés.

Ainsi, on découvre rapidement, à la lecture de cet ouvrage, que ces intérêts s'avèrent souvent contradictoires et le rôle du gestionnaire en R.H. d'autant plus difficile. À la fois messager et conseiller, on découvre, au fil des pages, l'art qu'il faut posséder pour occuper ce rôle clef dans le fonctionnement de toute organisation.

Dans l'exercice quotidien de la G.R.H., vous devrez trouver vous-même les réponses aux nombreuses questions soulevées dans ce livre. De plus, vous y retrouverez aussi tous les outils théoriques et surtout pratiques, requis pour formuler les solutions qu'on attend vous.

Merci André pour cet ouvrage essentiel.

Daniel Grondin - avocat
GRONDIN & ASSOCIÉ

Introduction aux ressources humaines

Dans un monde bien différent de la production et des ventes, vous entrez dans l'univers des relations avec des humains.

Pourquoi les R-H - le modèle québécois ?

1. De par notre situation géographique, notre culture et nos lois qui nous sont propres, nous avons affaire à des théories de gestion et à des façons de faire qui sont souvent difficiles à appliquer dans notre milieu.

2. Nous avons des lois et des réglementations spécifiques qui nous sont distinctes, des législations auxquelles nous devons nous conformer et avec lesquelles nous devons manœuvrer de façon à conserver une flexibilité et atteindre les objectifs de l'entreprise.

3. Bien que la science des ressources humaines soit basée sur des principes, des expériences et souvent sur des démarches bien structurées, les applications doivent être adaptées à l'environnement, au milieu de vie des employés et à la culture du pays.

4. Les employés sont la richesse de l'entreprise. Ils sont sa capacité d'adaptation et son plus important facteur de succès.

5. Le service des ressources humaines s'adresse à des personnes, ce qui implique que l'on considère les besoins de l'employé, la culture, les traditions de la société et du milieu, et les valeurs de l'entreprise. La personnalité d'une ressource R-H et la façon d'aborder les situations sont des facteurs de succès importants pour un service R-H.

*Ce sont ces deux derniers points
que nous allons travailler ensemble dans ce livre.*

La partie théorique...

⚜

Avant de les vivre,
initions-nous aux moyens
de faire les ressources humaines.

Une partie de la baie à Gaspé

Notre environnement, notre société...
Force est de constater que, d'une société à une autre, l'environnement au travail est différent. Notre société ne fait pas exception. Elle a une mentalité différente de par :

➢ ses objectifs sociaux et culturels

➢ ses préoccupations telles :
- la santé & la sécurité au travail
- l'égalité au travail
- la sécurité d'emploi
- le droit à la syndicalisation

➢ ses parts de marché à conquérir et à maintenir

➢ ses lois et ses règlements qui lui sont propres.

Allons-y, on respire... et on se tape la théorie.

0.1 La gestion de nos ressources humaines

Gérer des ressources qui sont humaines est un mandat, un défi extraordinaire, souvent méconnu dans une entreprise.

Malheureusement, trop souvent les représentants des ressources humaines sont derrière une porte close. Ils sont difficiles à contacter, parce que très souvent, ils sont submergés par les rapports à compléter.

Les représentants du service doivent être disponibles et présents auprès des employés et des dirigeants. Ils doivent innover, supporter et encourager.

Il faut donc adapter les R-H de l'entreprise au besoin et en changer les approches auprès des employés et des dirigeants.

0.2 Le parfait représentant R-H

Pour être un représentant des ressources humaines :

- Il faut être une personne mature et dédiée.
- Il faut être fouineur, très au fait de ce qui se passe dans l'entreprise, dans l'actualité, et de ce qui se fait ailleurs.
- Il faut être observateur et attentif aux besoins.
- Il faut être bon communicateur.
- Il faut être juste et équitable.
- Il faut être sur le « plancher », disponible, près de nos gens.
- Le représentant R-H défend les valeurs de l'entreprise.

Leçon 1
Rôle du service des ressources humaines

OUPS !

Le rôle traditionnel commence-t-il à être ébranlé ?

La « ressource humaine » est un atout pour l'entreprise et le service des ressources humaines est un service essentiel, voire primordial.

Il est vrai que ce service ne représente pas une unité de revenus, comme l'est la production et le marketing-vente. C'est le service sur lequel on compte pour tout alors qu'il ne rapporte pas de revenus tangibles, mesurables concrètement et « profitables ».

> **Le service des ressources humaines est là pour répondre aux besoins et aider l'entreprise à atteindre ses objectifs.**
>
> **Le service des ressources humaines est là pour encourager et motiver les employés.**
>
> **Pour ce faire, il faut être présent, être à l'écoute.**
> **Il faut être sur le « plancher » et près des gens!**

Et OUPS encore !

Donc le RÔLE du service des ressources humaines ?

Qui ?

De par ses expériences personnelles et de la connaissance qu'il a de l'entreprise, le représentant des ressources humaines est celui qui fournit et fait connaître les services offerts par l'entreprise.

Le service R-H offre toute une gamme de services. Il est souvent le coordonnateur de nombreux événements et projets.

Au besoin, pour des dossiers ou des expertises particulières, le service utilisera des ressources externes spécialisées.

Quoi ?

Le rôle est vaste et, de fait, il peut être tout ce qui n'est pas le marketing-ventes, les opérations et les autres services.

Il opère sur 3 plans ;

➢ auprès de la direction

> auprès des services - opérations, logistique, entretien et services administratifs

> auprès des employés

Où ?

Les champs d'action et de responsabilités des ressources humaines touchent à la fois à l'interne et à l'externe de l'entreprise.

Quand ?

En tout temps, en ayant bien soin d'analyser les situations, de planifier les besoins, et de poser les actions appropriées.

Comment ?

À l'aide d'expériences, d'expertises et de réseaux de contacts, par des techniques sûres, innovatrices, adaptées à l'entreprise et à son environnement... et à l'aide de votre personnalité, de vos valeurs, en étant présent et à l'écoute.

Le service des ressources humaines sert sur 3 paliers :
> auprès de la direction
> auprès des services - opérations, logistique et autres
> auprès des employés

1.1 Au service de la direction

Le service R-H est au service de la direction.

> le service est un élément de constance et de stabilité pour l'entreprise

> le service doit être innovateur dans son support et ses solutions

> le service est « le conseiller » de la direction.

1.2 Au service des autres services

Le service R-H supporte les autres services dans leurs opérations.

> les représentants R-H doivent connaître tous les services de l'entreprise, les intervenants, le fonctionnement, les besoins et les opérations

- le service finalise une embauche ou un congédiement en respectant la procédure de l'entreprise, les lois et les droits individuels
- le service doit être innovateur et créatif dans ses services et ses façons de faire
- le service est le facilitateur de l'entreprise.

1.3 Au service des employés

Et, surprenant pour certains, le service doit également défendre les employés face aux politiques et pratiques de certains dirigeants de services.

Le service R-H doit superviser les mécanismes d'équité, tels les processus :

- d'affichage de postes
- les évaluations du personnel
- l'application des ententes,
- les griefs et revendications
- l'application des politiques internes
- l'établissement des échelles salariales
- l'équité salariale
- le respect, la politique contre le harcèlement

1.4 L'Équilibre

Les ressources du service R-H vont souvent à contre-courant et doivent occasionnellement défendre les valeurs et les politiques de l'entreprise.

Le service R-H est souvent le contrepoids des services de production et financier, dans les discussions et les applications des conditions de travail.

En résumé...

Le service des ressources humaines est au service de la direction :
- ➢ il est « les yeux »
- ➢ il est une référence privilégiée
- ➢ il est très souvent l'exécutant d'évènements et de mandats spéciaux

Le service des ressources humaines est un support aux autres services :
- ➢ il recommande des solutions en gestion innovatrice et positive
- ➢ il recrute les employés, les dirigeants
- ➢ il propose des politiques
- ➢ il est le conseiller pour les implantations
- ➢ il est un visionnaire

Le service des ressources humaines est au service des employés :
- ➢ il est le gardien des droits des employés
- ➢ il est le facilitateur dans les discussions délicates
- ➢ il est une source de références
- ➢ il est souvent un confident

Leçon 2
La Mission du Service

La mission du service des ressources humaines est d'appuyer et de supporter la direction et les employés à atteindre leurs objectifs.

La mission doit développer les créneaux suivants :

- ➤ adapter son processus de recrutement, son processus de sélection, d'entrevue et d'embauche à son type d'opération
- ➤ planifier les besoins en effectifs à court, moyen et long terme
- ➤ prévoir la relève pour tout type de poste
- ➤ implanter de bonnes relations et une atmosphère de travail agréable et productive
- ➤ mettre en place un environnement qui répond aux besoins de l'employé
- ➤ promouvoir dans l'entreprise et aux employés une culture, des traditions, les valeurs qui lui sont propres et les maintenir
- ➤ reconnaître les employés pour leurs efforts et leurs réalisations
- ➤ et plus encore... **être visionnaire**.

Une mission qui s'applique bien à un service R-H
« La première loi du succès, c'est d'abord se rendre accessible aux autres, savoir les écouter, partager leurs confidences, les aider au besoin, les convaincre de persévérer dans la poursuite d'un but. »
Pierre Péladeau

Encourager l'employé à réaliser ses ambitions !

2.1 L'énoncé de votre mission

Si votre service n'a pas de mission, vous pouvez difficilement vous identifier.

Une mission est l'objectif d'un processus de fonctionnement et s'applique à toutes les actions.

C'est pourquoi une mission bien formulée et bien comprise des membres de l'équipe est si importante pour rassembler tous les intervenants.

2.2 Votre professionnalisme

➢ Pourquoi faire les bons choix de personnel ?

➢ Pourquoi être présent auprès de vos gens ?

➢ Pourquoi être à l'écoute de vos gens ?

➢ Pourquoi les encourager, les reconnaître ?

➢ Pourquoi les convaincre de poursuivre leurs buts ?

Parce que c'est ça, la gestion des ressources humaines et c'est maintenant votre job !

> **Un service des ressources humaines doit avant tout être un service disponible pour les employés.**
>
> **La crédibilité, l'intégrité du service et de ses ressources sont essentielles.**

Quels sont les moyens à votre disposition pour réaliser votre mission ?

Suivez-moi...

Leçon 3
La structure d'un service des ressources humaines

Ouais ! À la lecture de ce qui précède, ce n'est pas tout à fait dans nos habitudes, n'est-ce pas ?

Alors ici, trois principes s'appliquent :

- la simplicité du service
- l'efficacité du service
- la personnalité des représentants du service

Il n'est pas nécessaire d'être une armée aux R-H pour être efficace. Vous direz « facile à dire, mais c'est pas facile à faire... »

C'est pourquoi il faut un bon système de classement, des ressources expérimentées et disciplinées, une approche et une présence « humaine ».

Le reste du travail, ce sont les moyens que l'on met en place.

Alors, combien de ressources vous faut-il pour votre service des ressources humaines ? Quels sont les systèmes informatiques appropriés et les moyens dont on doit se doter pour faire le job ?

Pour bien structurer un service R-H, il y a des incontournables :

- une base de données simple, capable de gérer des documents, des listes, des photos, des informations
- l'informatique c'est bien, mais le classeur pour les dossiers papier d'employés, c'est encore ce qu'il y a de plus pratique
- un environnement accueillant, agréable, confidentiel et accessible aux employés
- des moyens de communication efficaces et rapides
- des ressources suffisantes en fonction des besoins du service
- des ressources crédibles et à l'écoute.

3.1 Dossiers papier

Des dossiers papier, plus faciles à consulter par tous ceux qui doivent y avoir accès. Avec un ordinateur, l'accès est plus limité, sur un réseau qui est souvent difficile à maintenir à jour et dont les accès peuvent être contraignants.

Donc, rien de mieux qu'un ou des classeurs pour les dossiers papier. Une ressource sera responsable du classeur pour la mise à jour et le contrôle des consultations. Cela implique que les dossiers d'employés doivent être sécurisés et que l'accès soit limité à certaines personnes.

Une base de données est aussi importante pour les recherches rapides. Habituellement, cette base de données a un accès réservé au personnel des ressources humaines.

3.2 Atmosphère et le sourire S.V.P.

Une atmosphère accueillante, parce qu'on « deal » avec des personnes. Si l'atmosphère n'est pas accueillante ou si le personnel du service n'a pas le sourire, cela crée une barrière nuisible aux discussions et aux relations.

De la même importance qu'être disponible et proche de ses gens, afficher un sourire est également un moyen qui facilite la communication et fait aussi partie de la solution...

3.3 Moyens de communications

Des moyens de communication efficaces, clairs et qui reflètent une constance dans les moyens et la forme. Il faut que les employés s'y retrouvent et soient encouragés à suivre l'information et l'actualité interne.

Comment faire ?

On peut développer l'intranet ou des réseaux informatiques, mais ce n'est pas accessible à tous et tous ne sont pas intéressés à consulter des documents informatisés...

On peut y aller avec des panneaux électroniques dont les mots défilent sur un écran, mais cela implique que l'on doive rester immobile, devant l'écran jusqu'à la fin du message... Pour des travailleurs, pas sûr que ce moyen de communication soit des plus efficaces.

Alors, pensons à ce qui se fait dans notre vie de tous les jours, au restaurant ou à la cafétéria. Laissez un journal sur une table de la cafétéria et il sera consulté par une majorité de personnes. Recevez une publication à la maison et vous le consulterez.

Pour ceux d'entre nous qui sommes à la fine pointe de la techno, ça peut paraître archaïque, ancien, mais ça fonctionne.

Alors, un journal interne et un babillard demeurent accessibles à tous et faciles à contrôler. Nous verrons à la section « communications internes et externes » comment développer. (*leçon 12*)

> **L'efficacité du service R-H dépend :**
> ➢ de ses moyens de gestion
> ➢ des communications
> ➢ de l'anticipation des événements.

3.4 Les effectifs R-H

Le nombre de ressources affectées à un service R-H dépend du nombre d'employés dans l'entreprise.

Plusieurs facteurs sont à considérer pour déterminer les besoins en ressources dans le service :

➢ les activités du service, les activités pour les employés
➢ les besoins, les interventions nécessaires et planifiées
➢ la formation à diffuser
➢ les programmes à implanter et à maintenir
➢ les relations de travail
➢ le niveau d'expérience de ses ressources

Dans les faits et la pratique, pour une petite et moyenne entreprise, la proportion est d'une ressource R-H minimum par tranche de 75 employés et... beaucoup d'énergie.

3.5 Votre personnalité

Votre personnalité est très importante. Elle est l'image que vous projetez... vous avez besoin de cette crédibilité pour approcher et maintenir de bonnes relations avec les gens.

Adopter les attitudes et utiliser les outils suivants :
- soyez positif dans vos approches
- soyez discret dans vos propos
- soyez patient dans vos interventions
- affichez un sourire accueillant
- communiquez efficacement
- démontrez de la compassion, de la cohérence
- et appliquez le tout avec fermeté dans un gant de velours.

Leçon 4
Les services offerts par les ressources humaines

Ici, on regroupe tous les services nécessaires pour assister les dirigeants et supporter les « services », les comités de travail et d'employés.

On s'entend pour ne pas inclure la technique, les ventes et l'ingénierie parce que vous n'êtes pas des experts dans ces domaines... mais tout le reste, c'est votre domaine :

- les archives et les dossiers de la direction, des employés
- les activités d'employés
- les activités de l'entreprise
- la bibliothèque et les informations
- les communications à l'externe, les représentations
- les communications à l'interne
- les conditions et les relations de travail
- la culture, les traditions et les valeurs de l'entreprise
- les ententes personnelles - de confidentialité, non-concurrence, informations personnelles
- les évaluations de personnel
- les formations, le coaching
- la planification des besoins en effectifs
- les plans d'amélioration au travail individuel
- le recrutement des employés et dirigeants
- le respect des politiques et le redressement de situations

et souvent :

- le climat de travail
- les comités d'employés
- l'environnement intérieur et extérieur
- la recherche de subventions reliées à l'emploi
- les relations avec les agences et les ministères des gouvernements
- la santé et sécurité au travail

➢ la sûreté du bâtiment

➢ les visites guidées de l'entreprise

De fait, presque tout ce qui n'est pas de la responsabilité des services techniques, de la production, du marketing-ventes, des contrôles de qualité, de la logistique, de la maintenance, tout le reste est pratiquement de la responsabilité des R-H !

Les principes et les conditions...
➢ Le service des ressources humaines doit être une référence précieuse et un support fiable pour la direction, le management et les employés.

➢ Si le service R-H est dynamique, l'entreprise le sera.

➢ Si le service R-H a le souci de la justice et de l'équité, l'entreprise sera juste et équitable envers ses employés.

➢ Si le service R-H a une mission, une culture, des traditions, l'entreprise aura une bonne atmosphère de travail.

Leçon 5
Le recruteur

Ici nous entrons dans le vif d'un sujet d'un élément concret de notre mission.

Dans le monde du recrutement, il existe une gamme de moyens scientifiques, les uns meilleurs que les autres pour évaluer les intentions, les aspirations, le potentiel. Les tests psychométriques, entre autres, sont très révélateurs.

Mais tous ces tests viennent en second, après le facteur « perception » que le recruteur aura du candidat. Peu importe les résultats des tests, c'est votre intuition, votre perception du candidat, la chimie à l'entrevue, le contact personne à personne qui feront le verdict.

Lorsqu'un candidat doit passer une entrevue, il est beaucoup plus nerveux que lorsqu'il doit subir un test. Nous sommes tous ainsi.

Pourquoi ?

Dans notre for intérieur, un test est une démonstration de nos connaissances qui révèle notre capacité de raisonnement par nos résultats.

Mais une entrevue, c'est la démonstration de ce que nous sommes dans nos intentions, nos sentiments, nos aspirations et particulièrement nos réactions.

Pour un candidat, un employé potentiel, un demandeur de travail, un interviewé qui se retrouve dans un environnement inconnu, avec un niveau de stress élevé, qui ignore combien de temps il aura à attendre... pour lui, une entrevue devient une torture psychologique difficile à supporter.

> **Un principe de base...**
> Les paroles expriment notre raison.
>
> Le langage du corps exprime notre personnalité, nos craintes et nos sentiments.

Avoir le contrôle sur le langage corporel demande une maîtrise que peu, très peu de candidats possèdent.

5.1 Déceler les réactions

Aux R-H votre domaine d'intervention est le facteur humain. La technique est l'affaire des autres services.

Pour vous assister, il y a tous ces tests psychologiques et psychomoteurs – ils ont tous une certaine valeur. L'entrevue menée par le recruteur demeure le meilleur outil pour évaluer un candidat, ses réactions, ses intentions, pour comprendre sa personnalité.

Vous devez être habile à discerner les réactions. Ce sera votre force, votre façon de faire pour évaluer un candidat.

Devenir recruteur ne se fait pas du jour au lendemain. Ça demande de la pratique, du temps, des exercices d'observation et d'analyse. Le danger est de verser dans les préjugés.

Mais, vous me direz, c'est avec nos préjugés que nous avons tous tendance à juger du moment. Les préjugés sont un système de défense et une protection naturelle que nous avons tous.

Alors, comment bien évaluer un candidat sans tomber dans le piège ? Là est le défi !

Dans mes temps libres, je regarde beaucoup de films. Tous les films américains qui sont faits par les bons producteurs.

Ceux-ci ont le « don » de bien choisir les acteurs : par leur physique, leur voix, leur visage, leur gestuelle. Les acteurs choisis reflètent habituellement bien la physionomie et la personnalité des personnages et le type de rôle qu'ils auront à interpréter.

Aussi étrange que cela puisse paraître, les dessins animés, particulièrement les anciens, sont aussi très révélateurs. Les concepteurs « dessinaient bien la personnalité »[1].

On parle ici du langage corporel, langage qui est beaucoup plus révélateur sur la personnalité et les sentiments d'une personne que serait le langage verbal.

OUPS, Rousseau verse dans le ridicule... ?

Pas du tout !

Prenons l'exemple d'un bon enquêteur, lorsqu'il fait un interrogatoire, il observe le langage corporel de son suspect. Bien maîtrisé, c'est une arme redoutable, un moyen efficace pour déceler la vérité.

Dans cette même optique, un recruteur doit observer le langage corporel, le non-dit, la gestuelle, pour saisir les intentions, évaluer la personnalité du candidat, cela vous permettra d'aller jusqu'à catégoriser son potentiel.

> **Vous devez être à l'écoute...**
> **du langage corporel d'un candidat.**

Ouais et ça fonctionne.

Une référence :

Dans son livre, *La synergologie, comprendre son interlocuteur à travers sa gestuelle*, Philippe Turchet explique tous les aspects du langage corporel.

Et les films...

Mais attention, il faut voir beaucoup de films pour maîtriser et détecter le langage corporel.

OUPS, Rousseau est reparti

Autrement, il faut pratiquer l'observation, l'analyse des personnes et la vérification de vos perceptions, partout, en tout temps, pour bien en maîtriser tous les aspects.

Combien de temps avant de pouvoir se faire un processus d'évaluation intérieur ? De 6 à 12 mois, intensivement.

Et lorsque vous maîtrisez cette habileté, vous avez un plaisir « fou » à observer le comportement des gens !

> **Hormis les tests scientifiques, l'arme la plus redoutable que vous possédez est votre perception aiguisée du langage corporel.**
>
> **Vous devez OBLIGATOIREMENT développer cette habileté pour être un recruteur.**

Et votre attitude à vous, d'intervieweur...

Quelle image, en tant qu'intervieweur, projetez-vous à l'interviewé ?

Dans les groupes de recherche d'emplois, parmi les chasseurs de têtes, dans les cercles étudiants, le mot se passe sur votre façon de mener une entrevue.

Voici les irritants qui minent votre crédibilité et qui font fuir les bons candidats :

- l'intervieweur est pressé d'en finir
- l'intervieweur qui manque de professionnalisme
- l'intervieweur qui répond au téléphone durant l'entrevue
- le recruteur qui est en retard ou mal préparé
- le recruteur qui fait un « contre-interrogatoire »
- le recruteur qui est trop « friendly » et qui s'éloigne du sujet
- l'arrogance de l'intervieweur
- de mauvaises explications sur le poste à combler, sur l'entreprise
- qui ne prend pas le temps de répondre aux questions

Un mot résume ce que doit être votre attitude...
PROFESSIONNALISME

N.B. *La profession d'intervieweur ne s'enseigne pas en institution. L'intervieweur doit développer son intuition.*

Leçon 6
Le processus du Recrutement et de l'embauche

Tous les aspects des ressources humaines sont fascinants, mais le processus du recrutement et de l'embauche en est un très important dans le service. C'est la base de votre existence.

Comment attirer les bonnes candidatures ?

Il y a les journaux, les salons de l'emploi, les réseaux, etc., que l'on peut utiliser pour faire connaître nos besoins en personnel et encourager les mises en candidatures.

Vous devez aussi et surtout, vendre votre entreprise et les conditions particulièrement avantageuses qui sont à la disposition de vos employés. De nos jours, la compétition et la rivalité sur le marché de l'emploi font que c'est le candidat qui a le choix.

Dans le processus de l'embauche, vous devez donc penser à ce qui attire les candidats et les conditions favorables que vous leur offrirez afin de les recruter.

Vous devez innover avec les avantages du poste à combler, offrir de bonnes conditions et un environnement agréable au travail.

Par exemples, pour vos employés :

- un accès à une garderie pour enfants – *CPE, un atout*
- des horaires flexibles et la possibilité de cumuler des heures
- des facilités de transport
- les occasions de progresser dans l'entreprise
- un environnement propre, agréable, ordonné
- le travail en équipe
- des équipes de support au travail
- des formations personnalisées
- des programmes de développement personnel
- un régime de retraite avec participation de l'employeur
- des facilités avec une institution financière
- des services personnalisés
- les avantages sociaux

Le défi...
Attirer et Recruter les bons candidats.

Un mot sur les agences de recrutement...

Les agences de recrutement de personnel, particulièrement les chasseurs de têtes, sont un excellent outil pour vous assister dans la recherche du candidat de haut niveau.

Ça peut paraître une dépense, mais ça demeure un excellent investissement.

Les principes et les étapes, dans le processus du recrutement et de l'embauche, sont les suivants :

6.1 Votre rencontre avec le service demandeur

Pour bien définir la description du poste à combler, vous devez obtenir les informations suivantes :

- dans quel domaine d'activités est le poste à combler ?
- quelles sont les tâches à accomplir, les compétences nécessaires ?
- dans quel environnement humain aura à travailler le nouvel employé - *équipe de travail, structure* ?
- y a-t-il des déplacements à l'extérieur faisant partie de la tâche et responsabilités ?
- quelles sont les conditions de travail ?
- est-ce que la demande correspond aux besoins et aux valeurs de l'entreprise ?

Pour bien cibler le type de candidat recherché, déterminer :

- les connaissances et la formation qui lui seront nécessaires pour exécuter la tâche
- les expériences nécessaires pour accomplir la tâche
- la personnalité pour faire le travail, pour s'intégrer à l'équipe

- les besoins de la tâche en :
  - formation continue
  - heures additionnelles si nécessaire
  - déplacements
- les échéances à respecter :
  - déterminer les étapes avec le service demandeur
  - les entrevues avec le service
  - la date d'embauche et d'entrée en poste
- la formation nécessaire :
  - la formation recherchée
  - la formation nécessaire, c.v., la mise à niveau
  - une ébauche du calendrier de formation
- les conditions de travail :
  - dans quel environnement physique aura à travailler le nouvel employé
  - l'échelle salariale du poste
  - le salaire du nouvel employé selon l'échelle salariale préétablie, les augmentations de salaires
  - l'horaire de travail
  - ce que le nouvel employé doit fournir - outils, auto, matériel, équipements

Demander la réquisition de personnel par écrit pour bien évaluer le besoin...

Une demande de personnel bien détaillée vous permet de mieux cibler le candidat idéal.

Un dossier d'une demande de personnel bien monté vous sauve temps et efforts.

Une offre d'emploi claire et une description de poste bien documentée ajoutent à votre crédibilité et professionnalisme devant le candidat.

6.2 La présélection des candidatures

La présélection se fait parmi les c.v. ou par les formulaires d'embauche reçus :

- ➢ sélectionner et catégoriser les candidatures par critères et postes à combler dans l'entreprise
- ➢ à chacun des c.v. sélectionnés, vérifier la chronologie des emplois, des expériences, des formations acquises, les références

N.B. Dans son c.v., le candidat n'est pas obligé de fournir des informations personnelles et vous ne pouvez exiger une photo, son numéro d'assurance sociale ou tout renseignement considéré personnel, ce qui serait contraire à la Charte des droits canadienne.

- ➢ votre banque de candidatures se construit également par les références proposées par vos employés :
    - vos confrères de travail et vos employés vous proposent des candidats - *leurs références*,
    - ce moyen est très intéressant, parce qu'il implique les employés et les valorise,
    - ce moyen est également intéressant sur le fait qu'il crée un sentiment d'appartenance chez les employés et le futur candidat,
    - parce que celui qui réfère donne souvent une bonne idée du candidat.

Une référence provenant de l'un de vos employés est précieuse et est valorisante pour cet employé.

Elle mérite une attention particulière et n'est pas nécessairement du favoritisme.

6.3 Les Entrevues

Lorsque le service demandeur vous a bien informé de sa demande, la première entrevue, l'entrevue de sélection de candidats, se prépare par un premier contact téléphonique avec le candidat. Vous devrez l'informer de la date, de l'heure et de l'endroit où se fera l'entrevue. Soyez très clair dans votre message.

À ce premier contact téléphonique :

- nous décrivons le poste à combler, donnons un sommaire des conditions de travail
- nous demandons quelle est l'expérience qu'il possède dans le domaine
- nous saisissons l'intérêt du candidat

Avant de passer à l'étape des entrevues, il faut que je vous explique et que j'élabore un peu...

Il y a trois types d'entrevues :

- L'entrevue de sélection - *la vôtre, celle R-H* - peut se faire seul avec le candidat, mais je vous suggère de la faire avec un autre représentant R-H, pour bien saisir et analyser le langage corporel et les réactions.
- Les entrevues techniques - *par le service*, pour une embauche de personnel cadre ou administratif, se font habituellement en présence d'une ressource R-H.
- Les entrevues techniques - *par le service* - pour une embauche de personnel non-cadre se font habituellement sans la présence d'une ressource R-H.

6.4 Votre entrevue, celle RH...

Dans quel contexte devez-vous faire la première entrevue ?

Il faut choisir le contexte, l'approche, l'environnement, tout en se rappelant du type de candidat recherché.

Allons-y par la forme négative...

Ex : On ne fait pas une entrevue pour un poste à la production dans le bureau du directeur général de l'entreprise.

Ex : On ne fait pas une entrevue pour un poste de directeur de production dans une salle de conférences.

Ex : On ne considère pas les mêmes critères de discussions pour un poste à l'administration que pour un poste de travailleur.

Le contexte et l'environnement sont importants pour refléter la nature du poste à combler et pour que le candidat soit à l'aise durant l'entrevue. Votre bureau ou un endroit conçu pour les entrevues est souhaitable.

On est maintenant prêt pour faire l'entrevue...

Faire seul c'est bien, mais à deux c'est mieux...

Un pose la question, l'autre observe.

Êtes-vous stressé (e) ?

Non? Le candidat lui, l'est!

Les premiers instants de la rencontre sont les plus déterminants pour vous et pour lui.

Les 30 premières secondes, voire la première minute, sont donc gagnantes ou dévastatrices. Le candidat le sait. Il s'est mis sur son « 36 », il affiche son plus beau sourire, il est ponctuel, peut-être plus ponctuel qu'à l'habitude...

De fait, vous êtes déjà fixé à la fin de cette première minute. Votre entrevue va simplement confirmer ou infirmer votre première impression. Si l'entrevue met en doute votre première impression, vous ferez une entrevue de type plus approfondie sur les informations qui vous sont nécessaires.

Quels sont les signes, le langage corporel du candidat qu'il faut observer lors du premier contact physique ?

Lors de votre arrivée dans la salle d'attente ou à la réception, vous appelez le candidat par son nom, dès cet instant, commencez à observer...

Un petit rappel...

Vous devez être à l'écoute du langage corporel d'un candidat.

Allons-y, on met en marche le chrono...

Monsieur (ou Madame) Untel ?

> ➤ Lorsque vous annoncez le candidat, laissez-le venir à vous, pour que vous puissiez analyser sa démarche.
> - La démarche est-elle énergique ?
> - La démarche est-elle réservée, voire hésitante ?
> - Le candidat est-il soigné sur sa personne ?
> - Est-il discipliné dans sa démarche ?

➢ Vous le regardez dans les yeux...
- Son regard est-il franc ou fuyant ?
- Est-il collaborateur ou soupçonneux ?
- Est-il macho, dominateur ou soumis ?
- Est-il dynamique ?
- Est-il respectueux ?

➢ Le premier contact physique est la poignée de main... les yeux dans les yeux...
- Avez-vous l'impression de mettre la main dans un bol de Jello ou dans un étau, ou encore dans la main de quelqu'un qui est équilibré ?
- Est-elle persistante... c'est vous qui, après plusieurs secondes, lâchez prise en premier ? Ou est-ce le candidat qui décroche rapidement ?
- Que ressentez-vous à ce premier contact ?
- Où se dirigeait le regard du candidat ?

Ressemble-t-il à un acteur de cinéma ? (*OUPS*)

Voilà, ça fait déjà 1 minute...

Alors, quelle est votre première impression ? Dites-vous bien que la première impression est souvent et très souvent la bonne.

Bien entendu, vous vous êtes fait une idée sur le candidat en peu de temps et vous devez maintenant confirmer votre « verdict ».

Vous débutez l'entrevue avec le candidat...

Avant tout...

Vos questions, sur les techniques recherchées pour le poste à combler, se limiteront à vérifier les informations fournies par le candidat, les diplômes d'études, les expériences pertinentes, les employeurs précédents.

Le recruteur évalue les informations fournies par le candidat et les critères recherchés par le service demandeur - point !

Vous n'êtes pas expert en technique, vous êtes recruteur. Ne vous aventurez pas sur ce terrain où vous pourriez perdre votre crédibilité.

On ne s'attend pas à ce que le recruteur évalue en tous points la connaissance et la pertinence technique du candidat. Cette étape se fera ultérieurement si vous retenez le candidat, suite à votre entrevue.

L'entrevue et l'évaluation technique du candidat se feront dans une seconde entrevue réalisée par le service demandeur et en votre compagnie si c'est un poste dédié à du personnel cadre ou administratif.

On doit être intuitif dans notre présélection...

> **Le savoir-être du candidat est plus important que son savoir-faire. Il est le caractère, la personnalité du candidat.**
>
> **Le savoir-faire peut être amélioré et adapté aux besoins de l'entreprise. Pas nécessairement le savoir-être.**

On revient à votre entrevue...

Pendant les questions portant sur le poste, le travail d'équipe, les principes hiérarchiques, les conditions de travail, les références, etc., on analyse le langage corporel.

- Le candidat est-il à l'aise avec la question que vous venez de lui poser ?
- Semble-t-il honnête dans les réponses qu'il vous donne ?
- Son langage corporel était-il « ouvert » ou « fermé » suivant les sujets abordés ?
- Et vous, vous sentez-vous bien avec ses réponses ?
- Joue-t-il un rôle ?
- Ses propos, versus la chronologie des évènements et activités énumérées dans son c.v. sont-ils cohérents ?
- Quelle est sa philosophie de pensée et d'action ?
  - Ses priorités personnelles et professionnelles
  - Avoir du plaisir au travail
  - Travailler efficacement en équipe ou seul
  - La fierté et la fidélité envers un employeur
  - L'amitié
  - La motivation, croire en ses moyens, croire aux membres d'une équipe

- Ses valeurs sont-elles compatibles avec celles de l'entreprise ?
- Le salaire espéré, les avantages recherchés

PS - ici on tente de comprendre ses besoins physiques et ses priorités psychologiques
- voir les critères d'évaluation à la leçon 8, ils vous donneront d'autres indices sur le sujet

➤ L'individu présente-t-il des faiblesses qui pourraient le rendre inapte au travail proposé ?

➤ L'attitude confirme-t-elle votre perception du début

Quelle est la durée d'une première entrevue ?

➤ 30 minutes, **maximum**.

➤ 10 à 15 minutes, si l'entrevue confirme votre première perception du candidat.

➤ Si après 30 minutes, vous n'êtes pas convaincu du candidat, que vous n'avez pas perçu sa personnalité, laissez tomber. Ce candidat est difficilement « saisissable ». Éventuellement, s'il devait être embauché, il aura de la difficulté d'intégration dans l'organisation, dans l'équipe.

N.B. Soyez attentif aux besoins de l'entrevue.
Ne faites pas l'erreur « d'expédier le candidat ».

Vous devez maintenant vérifier les références et comparer les réponses du candidat.

Si après vos vérifications et vos conclusions, le candidat est rejeté, ça s'arrête là pour lui. Ce candidat de première entrevue recevra votre « verdict » par la poste.

S'il est retenu, vous le contacterez par téléphone pour l'informer des étapes suivantes.

Et cette vérité incontournable...

On embauche à cause des aptitudes, on congédie à cause des attitudes !

De là l'importance de votre perception et de la première entrevue.

6.5 L'examen médical de pré-embauche

Pour certaines entreprises, cet examen n'est pas important et il est vrai que pour certains postes, cette étape ne s'avère pas nécessaire.

Mais que diriez-vous d'embaucher un individu, qui, sans lui avoir fait faire les tests médicaux de pré-embauche, présente des faiblesses qui le rendent, une fois embauché, inapte au travail que vous lui avez assigné ?

Vous ne pouvez refuser un candidat à un poste pour une condition physique ou pour raison de maladie, à moins que le travail soit très physique. Par contre, vous avez l'obligation, en tant qu'employeur, de ne pas l'affecter à un poste qui aurait pour conséquence de nuire à sa santé.

Ex: on ne donnera pas un travail à un asthmatique qui doit utiliser des pompes, dans un atelier de débosselage...

Avant de procéder à l'entrevue finale, faites faire un test médical de pré-embauche adapté à la tâche !

6.6 Les Tests...

Ici on parle de tests d'aptitudes, d'attitudes et psychométriques.

Ces tests sont dispendieux. Il faut donc bien choisir le ou les candidats qui auront à les passer.

Les tests sont là, dans la majorité des cas, pour appuyer votre perception et vos conclusions. Si vous devez présenter un dossier de candidatures auprès du management de votre entreprise, ces tests vous serviront de références.

Est-ce valable ? Oui, suivant ce que vous espérez et ce que vous recherchez par ces tests.

Les attitudes et certains aspects des aptitudes, en leadership par exemple, sont bien ciblés par les résultats de ces tests. La personnalité y est bien identifiée. Les marges d'erreurs sont habituellement minimes (3 à 5 %).

Il y a aussi les consultants et les firmes spécialisées, via Internet, qui offrent de tels tests.

Pour ce qui est des tests théoriques et pratiques concernant le travail, le service verra à ce que le candidat les fasse puis en fera l'appréciation.

6.7 La rencontre du candidat avec le service demandeur

À cette rencontre, cette entrevue technique, le service mène le jeu. C'est lui l'expert. C'est pour lui et dans son équipe que le futur candidat travaillera.

Vous participez à la rencontre pour assister le service, pour voir à ce que l'entrevue technique se réalise dans les règles, avec équité.

À la fin de la ou des rencontres avec le ou les candidats, le service demandeur vous annoncera son choix. À ce choix, il devra noter les besoins en formation ou adaptations nécessaires à l'arrivée de ce nouvel employé.

À l'entrevue technique, vous veillerez à ce que tout se fasse dans les règles et équitablement pour le candidat - POINT !

Une entrevue technique doit se faire dans les règles, elle doit être équitable et respectueuse du candidat.

Vous veillez à l'image de l'entreprise...

6.8 L'Embauche

Pour procéder à l'étape finale de l'embauche, lorsque le service vous aura avisé de son choix, vous contacterez le candidat - *futur employé*, à une rencontre administrative.

Après cette rencontre, vous bâtissez le dossier de l'employé *(assurance, vérification des coordonnées, etc.) - voir la leçon 7 : « Les dossiers d'employés »*

Vous lui ferez une présentation de la compagnie dans les détails. Vous lui faites visiter les lieux et le présentez à ses nouveaux collègues de travail.

Et si vous avez un système de compagnonnage, de parrainage ou de mentorat, ce que je vous suggère, le nouvel employé pourra être accompagné pour ses débuts, chez vous.

De fait, cette étape d'embauche est importante... la bienvenue officielle.

> L'étape de l'embauche du candidat est une étape importante dans la vie de l'employé. Elle doit être sécurisante.
>
> Vous présentez l'entreprise à un moment emballant pour l'employé.

6.9 Un guide de l'employé

Le guide de l'employé informe le nouvel employé des différents aspects de l'entreprise.

Suggestions d'un guide à l'employé :

- la mission de l'entreprise, le mot du D.G.
- l'historique et l'avenir de la compagnie
- les valeurs de l'entreprise et des employés
- la structure de l'entreprise, la direction, les services
- l'organigramme - *une information souvent négligée*
- le parrain (*ou mentor*) pour une période de temps
- le climat de travail, les ententes de travail,
- la carte d'accès, les sorties d'urgence
- comment remplir la feuille de temps, où poinçonner
- les avantages sociaux, l'assurance collective
- les programmes de reconnaissance
- la progression d'un employé dans l'entreprise
- les activités d'employés, club social
- la santé & sécurité au travail de l'entreprise,
- les politiques internes - *affichage de postes, vacances, congés familiaux, usage de l'Internet, etc.*
- les moyens de communication à l'interne utilisés - *intranet, babillard, journal interne, etc.*
- l'assistance aux employés - *politique sur la drogue- sur l'alcool, l'assistance des professionnels, cercle d'employés, etc.*

> Une introduction à l'entreprise bien structurée démontre votre professionnalisme.
>
> Un guide de l'employé démontre une attention particulière portée par l'entreprise aux employés.

6.10 L'introduction à l'entreprise

Quels étaient les besoins en formation ou adaptation que le service demandeur jugeait nécessaire à l'arrivée de ce nouvel employé ?

Ces formations ou mises à niveau des connaissances font partie de l'introduction à l'entreprise. Cette introduction peut être faite sous forme d'atelier, de compagnonnage.

Cette introduction ou formation se fait habituellement dans les premières semaines suivant l'arrivée de l'employé.

> L'introduction à l'entreprise pour un nouvel employé est une mise à niveau pour faciliter son intégration.
>
> Tous les nouveaux employés doivent bénéficier d'une introduction, sans considération pour leurs compétences ou connaissances.
>
> Cela démontre l'intérêt de l'entreprise envers ses employés et ça facilite leur intégration

6.11 Maintenant que nous avons embauché l'employé, ce qu'il faut faire pour qu'il demeure employé

Le recrutement du bon candidat est un gros défi, retenir ses services constitue aussi une grosse commande.

Les employés ont en commun des préoccupations individuelles qui sont sensiblement les mêmes. Nous verrons plus loin ces préoccupations, mais pour retenir les services d'un employé, il vous faudra user d'imagination et d'innovation.

Au début de cette leçon, nous avons mentionné les avantages offerts par l'entreprise. Maintenant, il faut s'assurer qu'il puisse en profiter.

Assurez-vous que l'employé soit bien informé des avantages, des bénéfices et des services personnalisés offerts.

S'il décide de quitter l'entreprise, le gestionnaire ou une ressource des R-H doit rencontrer l'employé pour s'informer de la raison de son départ et de voir les possibilités d'améliorer les conditions et les avantages dont il bénéficie.

Souvent cette rencontre prend les allures d'une négociation pour tenter une dernière fois de retenir les services de l'employé. Attention aux conséquences : cela peut nuire à votre crédibilité face aux autres employés.

Leçon 7
Les dossiers d'employés

Quelle est l'importance des dossiers d'employés bien tenus ?

- Vous voulez suivre l'évolution de votre employé...
- Vous voulez faire les suivis de formation...
- Vous voulez suivre les coûts de votre employé...
- Vous pensez à être accrédité ISO...
- Vous voulez prévoir les effectifs...
- Vous voulez bâtir une relève...

Poser les questions, c'est y répondre !

Pas de dossiers = pas d'historique et d'information sur vos employés.

Un dossier d'employé est le portrait complet de celui-ci.

Il reflète l'évolution, la formation, les résultats, les besoins, les ambitions de l'employé.

Les dossiers d'employés sont une référence complète pour définir une relève dans l'entreprise...

N.B. Tel que mentionné à 3,1, il faut que les dossiers soient sécurisés et à accès limité, sous la responsabilité d'un membre du service des ressources humaines.

7.1 Quel est le contenu d'un dossier d'employé ?

Information générale :

- Coordonnées de l'employé
- Liste de numéros d'urgence de l'employé
- Informations bancaires pour les dépôts directs de son salaire ou compensations
- Ententes de confidentialité et de non-concurrence, signées
- Les avantages sociaux de cet employé

Santé sécurité au travail et hors travail :

➢ Les incidents et accidents subis par l'employé
➢ Les conclusions des enquêtes d'accidents
➢ Les formations données pour prévenir les accidents ou incidents, et pour réaliser une tâche
➢ Le rapport confidentiel des tests médicaux de pré-embauche

Performance :

➢ L'évaluation de probation
➢ Les évaluations annuelles
➢ Les résultats de performance de l'employé
➢ Objectifs personnels

Section disciplinaire :

➢ Mesures disciplinaires prises
➢ Lettres ou avis
➢ Présentéisme de l'employé
➢ Absences pour maladies

Formation :

➢ Feuille de route de l'employé - *plan de développement*
➢ Feuilles de présence avec description des formations suivies

LEÇON 8
L'ÉVALUATION DU PERSONNEL

Un des plus importants principes de fonctionnement et de réussite pour l'entreprise est le développement de son personnel par la formation continue, mais pour ce faire, il faut savoir en évaluer les besoins et les moyens.

L'évaluation d'un employé se fait sous le contrôle du service des R-H et selon des règles justes, équitables et uniformes.

Les évaluations sont faites et présentées par le supérieur immédiat de l'employé. Le supérieur immédiat aura à présenter les résultats et des exemples concrets pour les appuyer.

Les objectifs d'une évaluation d'employé sont :

- pour évaluer une nouvelle embauche ou un employé existant
- pour reconnaître les efforts et initiatives de l'employé
- pour développer le potentiel de l'employé
- pour corriger les situations problématiques
- pour appuyer une progression verticale ou horizontale

Les moyens doivent être innovateurs et spécifiques suivant les situations particulières, pour des résultats à court et à long terme :

- l'évaluation
- les objectifs
- les ambitions de l'employé

Voyons ça de plus près...

8.1 Les évaluations

Il y a 3 types d'évaluations :

- la probation
- l'annuelle
- le plan d'amélioration au travail - *PAT*

8.2 L'évaluation PROBATION...

- elle évalue une période limitée, celle qui suit l'embauche
- selon les normes du travail au Québec, la période de probation

est de 90 jours de travail réguliers, travaillés *(les journées travaillées en assignation temporaire durant cette période ne font pas partie du calcul)*

➢ elle permet à l'employé d'évaluer son nouveau travail,
- l'environnement et le milieu de travail
- ses supérieurs
- l'atmosphère de travail

➢ elle permet à l'employeur d'évaluer l'employé
- son attitude
- son comportement
- ses aptitudes

> **L'évaluation probation est partielle, elle permet de porter un premier jugement sur certains aspects de la tâche, de l'attitude et du comportement de l'employé.**

Les critères évalués pour une évaluation probation :

➢ Santé et sécurité au travail
- le nouvel employé travaille-t-il de façon sécuritaire ?
- le nouvel employé démontre-t-il des comportements sécuritaires ?

➢ Habilité manuelle *(si la tâche l'exige)*
- le nouvel employé démontre-t-il des habilités manuelles ?
- le nouvel employé démontre-t-il des aptitudes manuelles ?

➢ Aptitudes administratives *(si la tâche l'exige)*
- le nouvel employé démontre-t-il des aptitudes administratives ?
- le nouvel employé démontre-t-il les connaissances administratives nécessaires ?

➢ Attitude et comportement
- le nouvel employé démontre-t-il une attitude positive ?
- le nouvel employé démontre-t-il un esprit d'équipe ?

- le nouvel employé démontre-t-il un comportement qui cadre avec la tâche ?
- le nouvel employé cadre-t-il avec les valeurs de l'entreprise et des employés ?

➢ Respect des directives
- le nouvel employé respecte-t-il les directives et les applique-t-il ?

➢ Initiatives à ses tâches
- le nouvel employé a-t-il de l'initiative à sa tâche ?

➢ Motivations, idées nouvelles, créativité
- le nouvel employé manifeste-t-il de la motivation à sa tâche ?
- le nouvel employé manifeste-t-il de la créativité, suggère-t-il de nouvelles idées ?

➢ Autonomie
- le nouvel employé démontre-t-il une autonomie à sa tâche ?
- le nouvel employé démontre-t-il une bonne capacité d'apprentissage ?

➢ Leadership
- le nouvel employé exerce-t-il une influence, un leadership auprès de ses confrères et consœurs de travail ?

8.3 L'évaluation annuelle...

➢ elle est faite habituellement en décembre pour les 11 mois précédents

➢ elle vise tous les employés

➢ elle cible les aspects attitudes et travail

➢ elle détermine quels sont les employés potentiels

➢ elle détermine quels sont les employés problématiques

➢ elle met en place les moyens nécessaires pour améliorer les situations

> elle fait également ressortir les forces et les faiblesses de la gestion, des gestionnaires, des objectifs

Important

> **L'évaluation annuelle est totale, elle porte sur tous les aspects de la tâche, des résultats, de l'attitude et du comportement de l'employé.**

et...

> **Le supérieur immédiat a à présenter les résultats et des exemples concrets pour appuyer l'évaluation de l'employé. Pas d'impressions, pas de préjugés.**

Il existe différentes formules d'évaluation. La présente formule d'évaluation permet d'évaluer les employés non-cadres et cadres.

Évaluation d'un employé non-cadre

Cette formule d'évaluation, lorsque appliquée pour un non-cadre (technique ou administratif), permet d'évaluer :

> la qualité de son travail, la production, la facilité à l'accomplir

> sa capacité d'apprentissage

> sa capacité de faire face aux situations difficiles, aux problèmes et au stress

> son potentiel de management

> la formation nécessaire à sa progression s'il a du potentiel.

Évaluation d'un cadre

Cette formule d'évaluation, lorsqu'elle est appliquée à un cadre, permet d'évaluer :

> La qualité de son travail de gestionnaire, de leader, de toutes les facettes de sa personnalité et de la facilité qu'il démontre lors de l'accomplissement de son travail

> La formation nécessaire à son perfectionnement et à sa progression s'il a du potentiel

> Et élaborer son plan de développement et de carrière.

Explication du processus

Étape 1 : la composition du Comité d'évaluation

Étape 2 : session d'évaluation du Comité d'évaluation

Étape 3 : les classifications dans le processus

Étape 4 : la fixation des augmentations de salaires

Étape 5 : l'évaluation des P.A.T. (plan d'amélioration de travail)

Étape 6 : le feedback à l'employé ou au cadre

Maintenant, dans le processus visant à fixer les objectifs, quel est le rôle des ressources humaines ?

Le rôle des ressources humaines dans le processus visant à fixer les objectifs est de bien informer les gestionnaires et les employés du processus par :
> des séances d'information offertes à des groupes d'employés prédéterminés ou par secteur ou par groupes hiérarchiques
> des formations aux gestionnaires
> des politiques écrites et accessibles

Pour être efficace, le processus d'évaluation de personnel requiert une façon de faire rigide et ordonnée :

Étape 1 : la composition du comité d'évaluation

Le Comité d'évaluation est composé des cadres près de l'employé évalué et des supérieurs hiérarchiques immédiats, des cadres qui connaissent les employés évalués et qui ont eu à travailler avec eux.

IMPORTANT : Les membres des comités auront à suivre une séance d'information sur la façon de faire les évaluations, comprendre les règles et les critères d'évaluation. *(minimalement ce qui suit)*

Étape 2 : la session d'évaluation du comité d'évaluation

Le Comité d'évaluation aura à définir au début de la séance les règles de la journée.

> Afin d'être juste, efficace et performant dans ce processus, il faut établir et être d'accord sur :
> - L'horaire des pauses, des repas et de fin de journée
> - Les critères d'évaluation
> - La façon de procéder :
>   - Établir les critères en utilisant un employé moyen comme barème
>   - Présentation des employés par leurs supérieurs
>   - Définir le droit de parole - tour de table
>   - Portée des décisions du comité - suites, augmentations de salaires, candidats potentiels
>   - Nommer un responsable des suivis - les plans d'amélioration et de développement

N.B. : La préparation (avant de présenter au comité) requiert du superviseur ou du coordonnateur :
- l'analyse du dossier de l'employé,
- une bonne documentation des faits et des résultats
- des rencontres et discussions avec l'employé pour qu'il participe à son évaluation.

Étape 3 : les classifications dans le processus

Par ce processus et ces critères, nous évaluons et cotons les plans A ou B, de S à E, le comportement et les qualités de l'individu sur des sujets qui s'appliquent à son travail, sur son potentiel et ses qualités de management :

Plan A

> **S** étant acceptable, moyen, SATISFAISANT
> **TS** étant un potentiel reconnu, à améliorer – TRÈS SATISFAISANT
> - cette cote requiert un programme de développement du potentiel, technique ou de management
> - un suivi trimestriel du programme de développement
>
> **E** étant un potentiel établi - EXCELLENT
> - cette cote requiert des actions de mises en situation

temporaires pour vérifier les résultats de l'évaluation et donner une ambition à l'employé
- un suivi trimestriel du programme de son développement

Plan B

➢ **PAT** étant plan d'amélioration au travail
- cette cote requiert un programme d'amélioration ou de développement des aptitudes ou des attitudes de l'employé à la technique ou de management, selon la fonction de l'employé.
- les moyens à utiliser pour réussir le programme :
  - un mentor
  - une formation
  - un compagnonnage
  - une mesure disciplinaire
  - un calendrier de progression
  - un suivi mensuel du programme de développement
  - une séance de réévaluation pour statuer sur l'amélioration ciblée de la part de l'employé

> **Pour être efficace, le Processus d'Évaluation de Personnel requiert une façon de faire rigide et ordonnée.**

En ce moment, la question qui vous vient à l'esprit...

Quels sont les critères nécessaires à l'évaluation d'un employé, son rendement, son développement ?

Continuons...

L'évaluation annuelle devrait considérer l'esprit des 13 critères suivants :

Leadership

Par ce critère, nous évaluons le dynamisme, le comportement de l'individu, le potentiel de management de l'employé :

- ➤ Personnalité - *calme, respectueuse, agréable, tempérée, humeur agréable, politiquement correcte*
- ➤ Respect de sa personne - *habillement, comportement, langage, distinction*
- ➤ Comportement devant un groupe
- ➤ Façon de rallier ses confrères
- ➤ Relations interpersonnelles
- ➤ Motivation ou positivisme de l'individu
- ➤ Dynamisme

Communication

Par ce critère, nous évaluons la facilité et l'exactitude de la communication de l'employé :

- ➤ Expression corporelle
- ➤ Présentation
- ➤ Les langues
    - français
    - anglais
    - ou autre
- ➤ L'écrit
    - français
    - anglais
    - ou autre

Esprit d'équipe

Par ce critère, nous évaluons l'esprit d'équipe que démontre l'employé :

- ➤ Relations interpersonnelles
- ➤ Le respect des autres
- ➤ Le souci de justice, d'équité envers ses confrères
- ➤ Le sentiment d'appartenance
- ➤ Influence parmi ses confrères

Respect des autres

Par ce critère, nous évaluons le respect que démontre l'employé envers les autres :

- ➤ Relations personnelles
- ➤ Réputation de l'individu
- ➤ Relations personnelles avec ses confrères
- ➤ Respect de la hiérarchie

Qualité du travail de l'individu

Par ce critère, nous évaluons le travail de l'employé :

- ➤ Qualité - *soucis du détail, applications,*
- ➤ Production - *résultats*
- ➤ Santé & sécurité au travail - *principes et applications*
- ➤ Absentéisme

Innovation

Par ce critère, nous évaluons les capacités d'innovation de l'employé dans son travail et avec les autres :

- ➤ Innovation au travail et dans les processus
- ➤ Idées nouvelles
- ➤ Technologies appliquées
- ➤ Remise en question des principes de travail

Initiative

Par ce critère, nous évaluons l'esprit d'initiative de l'employé dans son travail et parmi nous :

- ➤ Initiative à faire les choses demandées qui ne font pas partie de son travail – *ex : replacer le balais à sa place*
- ➤ Initiative à en faire plus – *sa job terminée, il fait le ménage ou autre chose sans qu'on le lui demande*
- ➤ Participation à des comités bénévolement – *comité de parents, comité de loisirs, comité d'entreprise.*

Gestion de temps

Par ce critère, nous évaluons la gestion du temps de l'employé :

- Ponctualité et absentéisme
- Organisation personnelle
- Équilibre psychologique dans son travail

Qualités administratives

Par ce critère, nous évaluons les aptitudes et les attitudes administratives de l'employé :

- Connaissance de l'informatique
- Facilité en administration, rédaction de rapports
- Attitude politiquement correcte
- Respect des procédures
- Prise de décisions

Planification du travail, développement de projets

Par ce critère, nous évaluons les aptitudes à la planification et au développement de projets de l'employé :

- Vision d'ensemble d'une situation
- Prise de décisions
- Esprit de gestion budgétaire ou contrôle
- Connaissances techniques
- Connaissances administratives
- Expériences personnelles et professionnelles

Capacité d'apprentissage

Par ce critère, nous évaluons la capacité d'apprentissage de l'employé :

- Aptitude à apprendre
- Intérêts
- Loisirs
- Ambitions personnelles

Capacité à faire face à l'ambiguïté

Par ce critère, nous évaluons l'employé à sa capacité de faire face à l'ambiguïté :

➢ Face à la controverse

➢ Face à l'inconnu

➢ Prise de décision lors de situations critiques

Connaissances et expériences pertinentes

Par ce critère, nous évaluons les connaissances et les expériences pertinentes de l'employé :

➢ Scolarité

➢ Développement et cheminement personnel

➢ Expériences vécues

➢ Connaissance de la compagnie ou du milieu de travail

Étape 4 : Les augmentations des salaires et les primes

Dans le processus d'évaluation, cette étape est cruciale pour l'employé.

De plus en plus au Québec, les entreprises adoptent le principe l'augmentation de salaires pour les employés à l'administration, selon la performance. Cette augmentation à la performance est ajoutée à l'augmentation de base, dont bénéficient les autres employés qui auront satisfait aux exigences de la tâche. *(cote S - satisfait les exigences)*

Pour les employés cadres et administratifs qui auront été évalués et coté P.A.T. *(programme d'amélioration au travail)*, ceux-ci verront leur salaire gelé partiellement ou totalement, jusqu'à ce que l'amélioration ciblée soit constatée par le Comité d'évaluation.

Pour les employés à taux horaires, syndiqués ou non, la performance devrait être également reconnue, par une prime mais d'équipe, attribuée au trimestre ou annuellement. Bien que souhaité et en voie de le devenir, le principe de reconnaissance à la performance individuelle, dans ce groupe d'employés, est moins accepté.

Pour les employés à taux horaires, syndiqués ou non, qui auront été évalués et cotés P.A.T. *(programme d'amélioration au travail)*, ceux-ci devront améliorer les points ciblés au P.A.T., à la fin de la période déterminée. Cette amélioration devra être constatée par le Comité d'évaluation, à défaut des mesures disciplinaires seront retenues.

> Au Québec, les entreprises adoptent de plus en plus les principes, de l'augmentation de salaires des employés et de primes, selon leurs performances... ces principes sont de plus en plus acceptés par les employés.
>
> Cela démontre une reconnaissance des efforts individuels et collectifs, un encouragement et une motivation.
>
> Reconnaître le travail d'équipe par une prime d'équipe, est aussi un encouragement pour une culture d'entreprise et un esprit d'équipe.

Étape 5 : l'évaluation d'un plan d'amélioration au travail...

- ➤ elle vise un employé que le processus a catégorisé comme P.A.T.
- ➤ elle évalue la progression du Plan d'amélioration au travail de l'employé et des progrès de celui-ci
- ➤ elle conclut par des dispositions à prendre - *reconnaissance des efforts et des améliorations, augmentation du salaire ou constatation d'échec et mesures disciplinaires.*
- ➤ c'est le Comité d'évaluation qui évalue les P.A.T.

> L'évaluation d'un plan d'amélioration au travail porte sur certains aspects de la tâche, de l'attitude et du comportement d'un employé qui doivent être améliorés.

Souvenez-vous...

> « Récupérer » un employé est :
> - ➤ une économie pour l'entreprise
> - ➤ une seconde chance et une motivation pour l'employé
> - ➤ une victoire pour le service et les R-H

Étape 6 : le feedback à l'employé ou au cadre

Le feedback est l'étape la plus importante de l'évaluation. Il se fait par une discussion et un échange sur tous les aspects du travail de l'employé :

- les réalisations
- les objectifs
- les améliorations
- la reconnaissance

Le feedback a pour objectif d'établir un contact constructif et d'en informer l'employé ou le cadre :

- il est fait par le supérieur hiérarchique de l'employé ou du cadre,
- il donne les conclusions du processus d'évaluation et du comité d'évaluation,
- il peut être l'occasion pour fixer des objectifs,
- il suscite la participation de l'employé.

> **Le feedback est l'étape la plus importante du processus d'évaluation.**
>
> **Il est l'occasion d'encourager et de reconnaître l'employé.**
>
> **Le feedback peut être aussi utilisé pour récupérer une situation problématique.**

8.4 Les Objectifs

Dans le film *Le royaume des cieux*, le roi Jérusalem dit à son chevalier,

« *Je vais t'assigner une ambition* »

Ces propos sont très chevaleresques.

Comme pour se définir une mission, définir un ou des objectifs demandent une analyse des besoins et une préparation pour la diffuser aux personnes concernées.

Bien assigné, bien défini et bien compris de l'employé, un objectif devient réalisable.

> **Fixer les objectifs est un élément de réussite qui se discute et sur lequel on s'entend avec l'employé.**

Comment fixer les objectifs ?

Doit-on adapter les objectifs de l'entreprise aux compétences, aux aptitudes et mêmes aux attitudes de l'employé ?

Quel est le facteur de réussite pour atteindre les objectifs ?

Voyons ça de plus près...

Dans les années 90, un bonhomme du nom de Joiners donnait des conférences sur la façon d'adapter la technologie à l'employé et aux opérations.

Il faut comprendre qu'à l'époque les outils informatisés et les ordinateurs s'implantaient dans tous les domaines des entreprises. C'était les débuts massifs de l'informatique dans les équipements, les robots de production et les techniques administratives.

Ce Joiners avait comme principe qu'une erreur est imputable à 85 % à l'équipement et seulement 15 % à l'humain. Avait-il raison (???) ou était-il simpliste (???) reste que la théorie mérite réflexion. N'utilisons-nous pas des logiciels « user friendly » pour limiter l'intervention humaine !

Alors... Comment fixer les objectifs ?

Fixer les objectifs est un élément de réussite qui se discute et sur lequel on s'entend avec l'employé, selon ses possibilités. C'est au gestionnaire de gérer les forces et les faiblesses de son équipe et de bien attribuer les objectifs aux employés.

Le processus prend la forme d'une discussion sur les ambitions de l'employé et des besoins de l'entreprise.

- En quoi l'employé peut-il contribuer et collaborer aux objectifs de l'équipe ?
- Comment peut-il le faire ?
- Quel support le gestionnaire lui fournira-t-il ?
- Quel suivi sera mis en place et quelles seront les échéances ?
- Comment allons-nous reconnaître les efforts de l'employé ?

Doit-on adapter les objectifs aux compétences, aux aptitudes et mêmes aux attitudes de l'employé ?

Joiners jugeait que l'employé affecté à la bonne place, à la bonne tâche, selon ses connaissances, ses aptitudes et son attitude, ne pouvait fournir qu'un bon travail s'il était motivé, s'il acceptait et comprenait les objectifs à atteindre.

Que peut-on ajouter à la vertu ?

Quel est le facteur de réussite pour atteindre les objectifs ?

L'objectif est simple... une entente claire, acceptée par l'employé et le gestionnaire, de suivis mensuels ou trimestriels, des encouragements ou des ajustements... et définir les avantages à l'employé.

What's in it for me ?

ET...

prendre le temps de bien en discuter, ne rien précipiter.

La clé du succès...

Le défi d'un gestionnaire est de joindre l'objectif de l'entreprise à l'ambition de l'employé.

Les résultats seront assurés.

Maintenant, dans le processus de fixation des objectifs, quel est le rôle des ressources humaines ?

Le rôle des ressources humaines dans le processus de fixation des objectifs est de bien informer les gestionnaires et les employés du processus par :

➢ des séances d'information offertes aux groupes d'employés, par secteurs ou par groupes hiérarchiques

➢ des formations aux gestionnaires

➢ des politiques écrites et accessibles

Question ???

Quelles sont les conditions ou les situations qui favorisent un plein rendement, le développement optimum du travailleur et l'atteinte des objectifs ?

Autres que les conditions de travail et les besoins physiques et psychologiques de l'employé, il y a les ambitions de l'employé, c'est ce qui importe pour lui.

Voyons ça de plus près.

8.5 Les ambitions de l'employé

Alors ici, on entre dans un domaine très fascinant.

Ouais, on pense connaître un employé... surprise à chaque fois.

➢ Quelles sont ses activités, ses valeurs ? Elles ont changé, évolué depuis son embauche.

➢ À-t-il suivi des formations personnelles ?

➢ Quelles sont ses ambitions ?

- une mutation
- une progression
- une relocalisation
- ses buts, ses idées
- et combien d'autres révélations.

Comment peut-on utiliser les forces de l'employé ?

Dans notre exemple du film *Le Royaume des Cieux...*

Le roi Jérusalem, qui était gravement malade, avait senti que son jeune chevalier était déterminé, équilibré, qu'il n'aimait pas la guerre mais qu'il était un vaillant et intelligent combattant et qu'il éprouvait des sentiments pour la sœur du roi...

Il lui donna comme *ambition* de remplacer le chef déchu de son armée qui était un traître, le mari de sa sœur, et de défendre la ville de Jérusalem.

L'objectif du roi a-t-il atteint son objectif ?

Ouais... et la fin du film était super !

Dans ce processus, le rôle des ressources humaines et du gestionnaire est de saisir le sens des ambitions de l'employé et d'évaluer ses forces afin de les mettre au service de l'entreprise.

Il faut prendre le temps de bien en discuter avec l'employé et de ne rien précipiter.

Pour ce faire, il faut être disponible.

Leçon 9
La Formation

La formation est un des services des ressources humaines importants, aussi importants que le recrutement et les évaluations.

La formation est un investissement pour l'entreprise :

➢ en tout temps, la formation :
- développe la culture de l'entreprise
- perpétue la tradition
- développe un potentiel
- corrige une attitude

➢ à court terme, la formation contribue aux changements :
- les méthodes de travail,
- les façons de faire
- les approches

➢ à long terme, la formation prépare l'avenir :
- le changement
- l'évolution
- la relève

Il faut donc se doter d'outils efficaces, reconnus et crédibles.

La formation est un outil de développement pour l'entreprise et pour ses employés.

Sans elle, l'entreprise régresse, les employés font du sur place.

Les formations doivent être adaptées aux besoins des services et de l'entreprise, un peu comme si elles étaient personnalisées.

Alors, méfiez-vous des formateurs autres que techniques, avec des recettes « prêt à former ». Ça réussit rarement auprès des employés et les résultats sont décevants.

Pour bien répondre aux besoins du service demandeur, la formation doit être personnalisée et adaptée aux besoins.

Les employés doivent être des participants et des « pratiquants ».

Il faut assurer un suivi des formations.

Quelle impression le travailleur retient-il d'une bonne formation ?

Elle était dynamique, intéressante.

Pourquoi une formation n'a-t-elle pas atteint son objectif ?

Elle était endormante, elle n'était pas pertinente.

La formation que vous choisissez doit être « bien choisie », bien structurée.

Ça fait partie de votre évaluation des besoins.

Ne vous fiez pas aux autres pour faire les bons choix... Vous pourriez être déçus.

Alors quels sont les objectifs d'une formation ?

Les objectifs d'une formation :
- mettre à niveau les connaissances
- créer une équipe de travail
- former aux nouveautés, aux améliorations
- changer des méthodes de travail
- améliorer ou corriger une situation
- favoriser et planifier une relève
- créer une fierté et développer la culture
- développer des ambitions personnelles
- changer...

Et à la fin de sa formation, il va de soi que l'on demande à l'employé ce que cette formation lui aura apporté en termes d'outils. On lui demandera quelles aptitudes ou façons de faire, il aura acquises pour accomplir ses tâches.

Au prix que ça coûte... il faut un retour.

Les formations sont très appréciées des employés

Il y a 4 catégories de formations :

➤ Pour les besoins de l'entreprise :
- combler un besoin technique
- combler un besoin administratif
- planifier une croissance
- planifier une relève
- formation spécifique
- cours de perfectionnement technique
- cours de perfectionnement en management

➤ Pour améliorer une situation personnelle (P.A.T.) :
- améliorer une aptitude notée à l'évaluation
- améliorer une attitude notée à l'évaluation

➤ Pour développer un potentiel individuel
- développer un potentiel dans un domaine
- développer une relève
- guider et conseiller l'employé, le dirigeant

➤ Pour le développement personnel, sans que cela soit fait nécessairement pour l'entreprise :
- la poursuite d'un programme d'études
- améliorer la qualité de vie
- améliorer des connaissances
- pour un développement personnel
  - cours en informatique
  - cours de langues
  - cours techniques

9.1 Une formation comporte 3 volets :

1. votre préparation :

➢ évaluer les besoins avec les services qui le requièrent
- recevoir par écrit les informations et les directives du service demandeur
- le responsable ou coordonnateur du service
- les objectifs de la formation
- les sous-objectifs de la formation
- le nombre de participants
- les échéances / dates proposées
- connaître où la formation devra se donner.
- rencontrer le responsable ou le coordonnateur du service pour confirmer les besoins.

➢ établir le plan de formation :
- bien cibler les besoins avec le responsable ou le coordonnateur du service
- développer les besoins avec lui pour trouver la formation appropriée
- est-ce une formation pour :
  - une technique ?
  - une attitude ?
  - une nouveauté / du changement ?
- quel est le budget alloué à cette formation ?

➢ trouver la formation pour combler :
- analyser les besoins et orienter la formation *(vous êtes bien placé pour connaître votre entreprise et tous ses besoins)*
- bien cibler les moyens de formation
- analyser les formations offertes par le privé et par les institutions publiques
- analyser les c.v. des formateurs, des coachs ou des mentors qui vous sont proposés

- analyser les coûts
- consulter votre réseau de contacts

➢ choisir le formateur, le diffuseur :
- il faut être prudent dans le choix du formateur ou du diffuseur même si la maison d'enseignement ou l'entreprise formatrice a bonne réputation
- s'assurer de la qualité du formateur, du diffuseur :
  - il faut qu'il soit à l'écoute des besoins de l'entreprise, du ou des candidats
  - il faut qu'il soit attentif aux participants
  - il doit s'adapter aux situations durant la formation
- consulter votre réseau de contacts

➢ établir le calendrier et l'horaire
- trouver le local pour maximiser le résultat

2. la diffusion :

➢ faire les invitations

➢ coordonner la diffusion

➢ mettre en place les moyens de diffusion

➢ s'assurer des conditions idéales

➢ recevoir les gens

3. votre suivi ou le feedback :

➢ recueillir les commentaires des participants *(sondage de satisfaction)*

➢ accepter leurs commentaires...

➢ donner suite à la formation, suivre les travaux, les exercices,

➢ faire une seconde session de suivis quelques semaines après la formation

➢ demander aux participants ce en quoi la formation leur a été bénéfique dans leur quotidien ou dans leurs tâches

➢ évaluer cette formation, le formateur et l'environnement.

Les formations « qu'os ça donne » ?

Les besoins et les avantages d'une formation pour les employés :
- ➤ initier à de nouvelles techniques, à de nouvelles politiques
- ➤ les motiver, les encourager, les guider
- ➤ créer une assurance personnelle
- ➤ créer une cohésion entre les participants
- ➤ créer un esprit de collaboration

C'est le début et une constante pour la culture d'entreprise.

Un mot sur le coaching...

Le coaching est un accompagnement qui cible les agissements et les habitudes. Comme exemples, le coach :
- ➤ accompagne une équipe de travail ou un gestionnaire dans un processus d'amélioration dans leurs façons de faire.
- ➤ est un conseiller et un spécialiste de l'intervention, sur la façon de voir et d'agir.

C'est le moyen le plus utilisé par les dirigeants d'entreprise pour les formations de groupes.
Vous pouvez vous faire rembourser une partie des frais professionnels par des aides gouvernementales.

Un mot sur le mentorat...

Le mentorat est un accompagnement tout aussi efficace, à cause du type d'intervention spécifique et des résultats concrets, rapides. Par exemples, le mentor :
- ➤ est un conseiller et un guide d'expérience,
- ➤ est un spécialiste qui partage ses connaissances et sa formation
- ➤ est un conseiller à une ou plusieurs situations techniques ou de comportements

> C'est le moyen le plus efficace pour un accompagnement personnalisé. Le mentorat est proposé par plusieurs programmes d'aide gouvernementale.

9.2 La formation qui améliore une attitude personnelle

Vous vous rappelez à la leçon 8, les évaluations annuelles... Nous avions la classification P.A.T. pour plan d'amélioration au travail, une cote qui exige l'amélioration d'un comportement, d'une technique ou de toute autre situation qui suggère une action positive.

1. Le P.A.T. peut prendre différentes formes de formation.

Suivant la situation à améliorer :

- Technique :
  - On peut utiliser le compagnonnage
  - Une ou des formations techniques offertes habituellement par un formateur à l'interne, pourquoi à l'interne, parce que cette situation demande du rattrapage ou une progression. Les ressources sont offertes habituellement sur place.
- Attitude et comportement
  - On peut utiliser le mentorat, le coaching
  - Le parrainage d'un formateur ou d'un collègue parce que la situation nécessite du rattrapage, ou une aide pour progresser. La plupart du temps, les ressources sont accessibles sur place.

2. Dans les deux cas, la situation est limitée dans le temps.

- Habituellement, on bénéficie d'une période de 3 à 6 mois, maximum.
- Le P.A.T. doit être satisfaisant et doit produire une nette amélioration.
- Les résultats sont analysés par le Comité d'évaluation.

3. Un échec de l'employé aux résultats de son P.A.T. pourrait être :

- une rétrogradation à un poste hiérarchique inférieur
- une mutation à une tâche inférieure

- un gel salarial
- un congédiement

La formation qui améliore une situation...

> **Le P.A.T. est un programme d'amélioration et non de correction.**
>
> **Pour être efficace, la formation du P.A.T. doit être positive.**

9.3 La formation qui développe un employé potentiel

Demeurant dans le sujet des évaluations, les cotes « E » pour excellent et « TS » pour très satisfaisant, représentent un résultat exceptionnel et possiblement un employé ayant du potentiel à développer.

Cet employé potentiel peut être reconnu pour son leadership, dans le domaine de la vente, dans un domaine technique ou dans le développement personnel. Une formation sera très profitable pour l'employé et pour l'entreprise.

Une formation peut aussi prendre la forme de coaching pour des situations nouvelles, inhabituelles ou de gestion.

1. Les avantages de développer le potentiel d'un employé :

- créer une relève précieuse pour le service et pour l'entreprise
- être une source de motivation appréciée de l'employé
- réaliser un succès personnel et l'accomplissement d'un rêve, une ambition individuelle
- développer un sentiment d'appartenance

2. L'influence d'un développement d'un employé potentiel :

- influence positivement les autres employés
- crée un effet d'ambition et de surpassement chez l'employé et ses pairs
- renforce la culture et la tradition de l'entreprise

La formation qui développe un employé potentiel...

> L'employé acquiert des connaissances.
>
> L'employé en est fier et souvent il réalise une ambition personnelle.
>
> Les avantages et les bénéfices du développement d'un potentiel identifié, sont très profitables pour l'entreprise !
>
> Et très important... ça peut créer une relève pour l'entreprise.

9.4 La formation en partenariat avec le ministère de l'Éducation

Ici au Québec, comme dans plusieurs pays européens, le ministère de l'Éducation offre la possibilité d'adapter et d'élaborer des formations selon les secteurs, industriel, manufacturier et administratif.

Sans enlever le crédit aux firmes de formation du secteur privé, voici deux types de formation ou services offerts par le ministère de l'Éducation du Québec qui lui permettent de « sous-traiter » ses services publics pour des formations spécifiques ou continues en entreprises :

1. un D.E.P.

- ➤ C'est un partenariat profitable pour l'entreprise et à la communauté, alors que les étudiants complétant une formation D.E.P. par exemple, peuvent participer à des stages en milieu de travail et connaître l'entreprise.

- ➤ Cela procure à l'entreprise une visibilité dans la communauté, en plus de lui permettre d'évaluer les candidats potentiels avant l'embauche.

- ➤ Il faut que l'entreprise investisse certes, mais ce partenariat lui sauve les coûts de formation des étudiants, en plus de pouvoir profiter de certains avantages fiscaux ou monétaires, offerts par les ministères québécois.

- ➤ Il y a des modalités à une formation adaptée telles que le contenu de la formation qui devient public, des espaces à prévoir pour la formation dans l'entreprise, du personnel pour élaborer la formation et accompagner les étudiants durant leurs stages, mais en fin de compte, l'entreprise est gagnante.

2. le Programme de services aux entreprises.

➤ Les Services aux Entreprises, contrairement au D.E.P., élaborent et adaptent une formation qui demeure la propriété de l'entreprise et les contenus de cette formation doivent rester confidentiels à l'entreprise.

➤ Ce programme permet à l'entreprise de bénéficier des services pédagogiques du ministère de l'Éducation du Québec.

➤ Les coûts horaire sont élevés et comparables à ceux des firmes de consultants. L'entreprise doit procurer les matériaux, les outils et autres équipements nécessaires aux services, donc défrayer les coûts associés, comme pour les firmes de consultants.

➤ Comme pour les consultants, l'entreprise peut profiter des programmes gouvernementaux pour être plus compétitive sur les marchés, par des formations adaptées. Les aides peuvent atteindre 75 % des frais professionnels et des locations nécessaires aux services.

➤ L'analyse des offres de services, de consultants ou du ministère, vaut la peine de s'y intéresser, particulièrement si vous êtes en région.

Leçon 10
Les Mesures Disciplinaires

Un sujet très, très controversé...

Avant d'aborder la philosophie des mesures disciplinaires, posons-nous la question...

« Avons-nous encore besoin de telles mesures dans notre gestion de personnel, mesures qui sont, avouons-le, à tendance coercitive et à action corrective ? »

Et bien oui, même de nos jours, avec des relations de travail qui ont évolué, nous en sommes encore là...

Dans nos relations de travail, nous parlons de dialoguer, d'encourager, nous parlons de compassion... mais nous parlons aussi de fermeté, et pour certains employés, une mesure disciplinaire est la seule façon de faire passer un message.

Ouais... ça arrive parfois...

Alors allons-y de quelques réflexions...

- ➤ Quel sens donnez-vous à une mesure disciplinaire ?
- ➤ Quel est l'objectif que vous visez à l'application d'une mesure disciplinaire ?
- ➤ Qui pilote une mesure disciplinaire ?
- ➤ Quels sont les principes des mesures disciplinaires ?
- ➤ Quand devons-nous utiliser une mesure disciplinaire ?

10.1 Le sens à donner à une mesure disciplinaire

Considérant la culture et la tradition de votre entreprise, un tel système disciplinaire existe-t-il ? Sinon, serait-il souhaitable d'en instaurer un ?

- ➤ Si l'entreprise est petite, que tous les employés et la direction entretiennent des relations de travail plus ou moins bonnes, mais des relations directes, il serait peut-être mieux d'évaluer la pertinence d'un système de mesures disciplinaires. Souvent une discussion informelle donne de meilleurs résultats, plus rapidement qu'un processus formel. Ça dépend des intervenants et des concernés.

- Si l'entreprise est moyenne ou grosse, vous avez à utiliser un système de mesures disciplinaires !
- Quel type de gestionnaires avons-nous dans l'entreprise ? *(faudra voir à la leçon 18)*

10.2 Le but ou l'objectif d'une mesure disciplinaire

L'objectif d'une mesure disciplinaire est de permettre la discussion entre l'employé et le superviseur afin de :

- trouver des solutions à une situation
- d'informer l'employé(e)
- de planifier les actions nécessaires à des solutions
- d'orienter les efforts et les améliorations auprès de l'employé(e) et du superviseur
- d'évaluer les améliorations.

10.3 Qui pilote une mesure disciplinaire ?

Le service ou les ressources humaines ?

- Le service de l'employé.
- On demeure dans l'optique que les ressources humaines supportent les services et coordonnent les actions.
- De cette façon, le rôle du supérieur immédiat est renforcé face à son groupe.
- Une mesure disciplinaire se donne toujours en présence d'un témoin cadre et à la demande de l'employé, il peut être en présence d'un représentant des employés.

10.4 Les étapes des mesures disciplinaires

Ce processus de discussions et d'amélioration devrait comporter des étapes, une progression dans les mesures. Pour certains cas, plusieurs étapes peuvent être nécessaires pour que l'on puisse constater une amélioration.

Selon les situations et réactions, le processus comporte 6 étapes, qui sont *normalement* dans l'ordre suivant :

1. l'avis verbal :
    - un avis fait verbalement est un avis qui informe l'employé (e) d'une situation
    - cet avis n'est pas une mesure disciplinaire, il en est l'amorce du processus
    - un avis est une constatation officielle de situation ou une information donnée à l'employé
    - il est noté au dossier mais n'a pas la conséquence d'une mesure disciplinaire.
2. l'avis écrit :
    - un avis fait par écrit, sous forme de lettre à l'employé(e), est la première étape de mesures disciplinaires
    - l'avis écrit concerne normalement un sujet, soit :
    - l'attitude de l'employé, en mentionnant les points à améliorer
    - la santé et sécurité au travail, en mentionnant le ou les points à améliorer
    - les absences non justifiées, les retards ou l'utilisation des pauses ou les pauses excessives
    - la performance de l'employé(e) en mentionnant le ou les points à améliorer
    - tout autre aspect du travail
    - à cet avis est noté, la ou les situations à améliorer (s'il en est plus qu'une)
    - cet avis est l'amorce d'une discussion franche avec l'employé(e) et se veut une mise au point officielle
    - cet avis est officiel et noté au dossier de l'employé(e)
    - cet avis est donné devant témoin - le superviseur et un confrère ou vous-même pour assurer le processus.
3. les avis de suspension :
    - les avis de suspension se font par écrit, sous forme de lettre à l'employé(e). Il fait normalement suite à un avis écrit précédemment qui concernait le même sujet, portant sur les mêmes points.

- on peut suspendre par avis de suspension, sans avoir émis un avis de mesures précédentes, si la situation à corriger est grave et demande de la rigueur
- ces avis sont donnés devant témoin - le superviseur et un confrère ou vous-même pour assurer le processus
- la première suspension est donnée suite à une récidive après la réception d'un avis écrit portant sur le même sujet, sauf si la situation est grave et demande de la rigueur
- s'il y a récidive à la première suspension, une deuxième suspension de 3 jours s'ajoute
- s'il y a récidive à la deuxième suspension, une troisième suspension de 5 jours s'ajoute
- Par contre, la suspension peut être plus sévère en termes de jours, selon la gravité :
  - bris d'équipement volontairement
  - situation qui engendre des coûts ou qui comporte des conséquences sérieuses à l'entreprise ou aux autres employés
  - manquement sévère à une valeur ou un principe connu de l'employé (e)

4. l'avis de congédiement :
- un avis de congédiement fait par écrit, sous forme de lettre à l'employé (e) qui fait normalement suite à des avis de suspensions concernant le même sujet
- une action qui est ultime, est effective immédiatement, sans autre possibilité d'amélioration soutenue et définitive
  - par exemple, un vol de biens de l'entreprise
  - bris de confiance
  - menace physique
  - événements graves

N.B.
- Lorsqu'une mesure disciplinaire est amorcée, elle est indépendante d'une autre mesure qui aurait pu être causée par une autre offense (*situation*). S'il y avait 2 situations différentes à corriger (*ex : absence, insubordination*), ce seront deux procédures distinctes de mesures disciplinaires qui seront imposées. Ces 2 procédures évolueront indépendamment.

- Toujours avoir en tête qu'une procédure de mesures disciplinaires a pour objectif de corriger et d'améliorer une situation.

- Il faut considérer qu'aux yeux d'un tribunal du travail, l'employeur doit avoir démontré que les mesures disciplinaires prises ne sont pas excessives, qu'il y a une progression des mesures, que la volonté de l'employeur est de corriger une ou des situations et qu'il n'y a pas exagération dans la ou les mesures, ni esprit de vengeance ou abus d'autorité.

- L'ordre des étapes décrites peut être différent selon la gravité de la situation. La gravité de la situation est évaluée en terme de conséquences (ex : sécurité des travailleurs, coûts des dommages, relation de confiance). La mesure peut directement débuter à l'étape 2, 3 ou même 4, selon la gravité.

- Il faut faire la distinction entre un incident dans le cadre d'un travail ou une attitude

- La procédure de mesures disciplinaires est officielle et reconnue par un tribunal du travail.

Exemples de situations sujettes à des mesures disciplinaires :

Avis verbal	➢ attitude négative, ➢ manquement à la santé et sécurité au travail, ➢ retard à son poste de travail, ➢ absence non justifiée,
Réprimande écrite	➢ attitude – 1re récidive ➢ santé et sécurité au travail – 1re récidive ➢ retard – 1re récidive ➢ absence - 1re récidive
Avis de suspension 2e, 3e et 4e récidive	➢ attitude ➢ santé et sécurité au travail ➢ retard ➢ absence non justifiée ➢ insubordination, ➢ violence verbale, ➢ utilisation de biens de la compagnie pour usage personnel ➢ dommage volontaire à des biens de la compagnie
Avis de congédiement	➢ suite aux mesures des avis verbaux, écrits et suspensions ➢ vol de biens de la compagnie ➢ relation de confiance brisée entre l'employé et l'employeur ➢ coûts des réparations ou de bris volontaire

10.5 Quand devons-nous utiliser une mesure disciplinaire ?

Lorsque la discussion et les messages ne passent plus.

Pour amorcer ce processus, il faut cibler un résultat, une amélioration, une situation à régler.

Il faut que le service et ses dirigeants amorcent et poursuivent ce processus.

Il faut avoir le courage d'aller jusqu'au bout, sinon votre action et votre crédibilité s'effondreront et vous perdrez tous vos moyens pour solutionner les situations... *tous vos moyens* !

Ne perdez jamais le cap... soyez constant et juste envers tous.

Une mesure disciplinaire est une amorce de dialogue sur une action ou un sujet précis.

À l'exception d'une situation grave, il faut respecter une progression dans les mesures disciplinaires.

Mais encore une fois...

« Récupérer » un employé est :
➤ une économie et une victoire pour l'entreprise
➤ important pour l'employé
➤ une satisfaction pour le service usagé
➤ la satisfaction d'un travail bien fait pour les R-H

Congédier un employé est souvent dû à une réaction émotive ou pour obtenir un résultat immédiat.

Mais il faut se demander si l'effort pour récupérer un employé n'est pas plus profitable à plus long terme.

Leçon 11
Les Politiques Internes

Les politiques internes... c'est notre code de vie !

Ce qui veut dire que les politiques internes informent et guident les dirigeants et les employés sur les façons de traiter les situations.

Une politique interne doit tout prévoir ou presque. Pas facile de tout prévoir... alors informez-vous de ce qui se fait ailleurs, par vos contacts ou votre association d'entreprises. L'idée n'est pas de réinventer la roue mais d'adapter la roue à votre entreprise.

Certaines politiques requièrent les conseils juridiques de votre avocat parce qu'elles impliquent l'application et le respect des lois et de règlements. Un avis juridique est un investissement à la clarté et à la bonne entente. Consultez également vos collègues et employés afin d'obtenir leur collaboration pour en assurer l'application.

Une politique interne doit être clairement expliquée par écrit.

Notre code de vie...

Nous devons reconnaître notre mentalité et nos valeurs dans nos politiques internes. Une politique interne doit :
- ➤ bien identifier la situation
- ➤ énoncer les objectifs à atteindre
- ➤ être claire et précise sur les procédures à suivre
- ➤ identifier les moyens à utiliser
- ➤ faire mention des exceptions

Voici quelques exemples de situations qui devront être traitées par une politique interne *(mais non limitées à)* :

- ➤ activités communautaires
  - dons corporatifs
  - encouragement à la participation des employés
- ➤ absences - absentéisme
  - absence sans solde
  - maladie
  - personnel

- affichage de postes à l'interne - *communication à l'interne*
- affichage de postes à l'externe
- assignation temporaire
- comité CSST
- communications internes et externes
- congés fériés, parentaux, sans solde
- dons, commandites
- dossier d'un employé - *contenu, objectif, performance, SST*
- drogues et alcool - *tolérance zéro, tests aléatoires*
- échelle salariale, augmentation de salaire périodique
- embauche - *processus*
- entente de confidentialité
- entente de non-compétitivité et de non-concurrence
- entente de travail - *interprétation des situations*
- évaluation annuelle - *processus, objectifs*
- formation
- fouille, surveillance
- harcèlement physique et psychologique
- mesures disciplinaires - *objectifs, processus, étapes*
- mesures disciplinaires - *contenu d'un dossier*
- objectifs annuels - *rencontre, feedback*
- reconnaissance des employés
- régime de retraite des employés
- représentations
- salaires - *échelles, grades, catégories*
- utilisation de cartes de crédit de l'entreprise, dépenses
- utilisation de l'Internet
- utilisation des technologies et de l'information
- vacances annuelles
- valeurs de l'entreprise et des employés

MATÉRIEL ADMINISTRATIF - *formulaires, politiques internes*
Disponible sur le site : www.recherches-solutions.com

Leçon 12
Les Communications à l'Interne et Votre Façon de Communiquer

Les Communications dans une entreprise, c'est primordial !

La communication dissipe :

- la rumeur
- la mésentente
- l'ambiguïté

La communication :

- informe
- doit cibler par des moyens efficaces
- doit être constante et cohérente
- doit impliquer les employés

Quel est le rôle des R-H dans ce processus ?

Le rôle de ressources humaines dans le processus des communications doit être :
- de facilitateur de discussions
- de facilitateur pour l'élaboration des sujets
- de doseur de moyens de communication
- de cohérence dans les formes utilisées
- de constance dans l'approche
- de coordination de l'information

12.1 La communication informe sur :

Les sujets traités par les communications sont :

- les nouvelles internes
- les communiqués officiels à l'interne et à l'externe
- les publications de dossiers et de rapports
- les présentations de l'entreprise

- les statistiques, les résultats des services
- les missions, les mandats de l'entreprise
- les rapports de comités de travail, etc.

12.2 La communication doit cibler par des moyens efficaces

À notre époque, avec l'apport de la technologie, il est possible d'informer rapidement, efficacement, en peu de temps dans les cadres de l'entreprise.

Les courriels, les sites intranet font partie des moyens techniques qui ont la faveur des employés de l'administration.

Et pour finir, le moyen le plus efficace qui s'adresse à tous les travailleurs est le babillard de la cafétéria.

Archaïque vous direz ?

Oh non !

Le babillard a l'avantage de réunir toute l'information au même endroit et il est accessible à tous les employés, tant de l'administration que de la production. Il faut qu'il soit grand et bien structuré, et ça fonctionne. Aux endroits où circulent les employés, il y a également les moniteurs sur lesquels défilent des messages.

12.3 La communication doit être constante dans la forme

Le type de représentation, comme le logo, constitue l'image de l'entreprise et doit être bien choisi. Il doit être utilisé à tous les moyens de communication.

Dans le jargon, on utilise une « template » qui définit le cadre de l'information que l'on utilise de façon constante.

Il pourrait y avoir différentes « templates », selon les services ou la nature de l'information, dans les cas suivants :

- un service spécialisé de l'entreprise
- une filiale de l'entreprise
- un communiqué de nature technique, administratif

...mais il doit y avoir une constance dans la forme pour refléter l'image de l'entreprise et son caractère distinct.

De plus en plus d'entreprises ont un endroit spécifique dédié à l'information, une bibliothèque interne avec des livres spécialisés, revues spécialisées, journaux d'affaires, rapports annuels, dossiers et reportages, etc.

12.4 La communication doit impliquer les employés

Il est vrai que le service des ressources humaines est le coordonnateur de la communication. L'implication des employés est essentielle.

On implique les employés par un comité ou des représentants d'employés qui auront pour fonction :

- de participer à l'élaboration des sujets
- de déterminer la forme à utiliser
- des dossiers à diffuser
- des recherches à effectuer
- des représentations - internes et externes
- de voir à bien communiquer les nouvelles
- de voir à une structure de communication

> Quelle est l'importance de la COMMUNICATION dans l'entreprise ?
>
> # CAPITALE

Un mot sur votre façon de communiquer et votre façon de recevoir...

12.5 Quelle devrait être votre façon de communiquer ?

N'oubliez pas que vous travaillez avec « des êtres humains », un facteur bien différent de la technologie.

- Il faut être à l'écoute pour comprendre.
- Il faut être disposé à recevoir pour calmer le jeu.
- Il ne faut pas être émotif pour intervenir.

simple et tellement important...

Votre intervention doit être modérée, posée et réfléchie, pour bien porter.

N'hésitez pas à reporter une intervention si vous ne vous sentez pas prêt ou si vous sentez les intervenants trop émotifs.

et votre façon de faire...

Développer votre crédibilité et votre image avec :
- ➤ un sourire
- ➤ de la discrétion
- ➤ de la patience
- ➤ en étant positif
- ➤ en communiquant efficacement de la compassion... de la cohérence...
- ➤ et de la fermeté pour les applications.

Leçon 13
La Santé et Sécurité au Travail

Un autre sujet des plus importants... SST, pour l'entreprise et le travailleur.

Pourquoi ?

Parce que dans le domaine de la SST, le facteur humain joue un rôle important et peut entraîner des conséquences physiques dans une situation désagréable, très souvent évitable.

Au Québec, il existe une réglementation sévère en matière de santé et sécurité au travail. Cette réglementation est d'ailleurs une des plus sévères au monde. Les normes de sécurité pour les protections et les équipements individuels sont très réglementées et surveillées.

D'une part, il faut comprendre qu'au Québec, l'entreprise - l'employeur - est responsable de la gestion de la santé et de la sécurité de ses employés, de l'environnement du travail, de la protection individuelle et de la prévention des accidents.

OUF ! C'est lourd. Toute une responsabilité !

Les lois et les règlements québécois portent les noms de :

« Loi sur la santé et la sécurité au travail » *(LSST)*

« Le Règlement sur les accidents du travail et les maladies professionnelles » *(LATMP)*

« Le Règlement sur la santé et la sécurité du travail » *(RSST)*

« Règlement sur les comités de santé et de sécurité au travail » *(RCSST)*

Plus loin dans cette leçon vous y trouverez :

➢ Les organismes qui peuvent vous assister

➢ Les dossiers à traiter

➢ Les obligations de l'employeur

➢ Les produits dangereux - SIMDUT

➢ Les environnements de travail

Pour assister les travailleurs et les entreprises, il y a trois organismes gouvernementaux mandatés :

➢ La CSST - Commission de la santé et sécurité au travail

- La santé publique du Québec
- Les CLSC

13.1 La CSST

La réglementation provinciale est sous la surveillance de la Commission de la santé et sécurité au travail.

Le rôle de la CSST :

- En plus de la surveillance et des inspections de chantiers et lieux de travail, d'émettre des constats d'infractions, la CSST procure les informations portant sur différentes situations, comme la manipulation et le transport des matières dangereuses, les critères d'installation et de protection des travailleurs.
- La CSST inspecte les lieux des travaux et les propriétés des entreprises, à la suite d'une plainte ou de façon impromptue. Aux infractions notées, elle émet des constats d'infraction pour lesquels l'entreprise a un délai limité pour corriger la situation, sous peine de sanctions. La collaboration est de mise.
- La CSST est également une « police d'assurance » pour les travailleurs victimes d'un accident, ce qui implique des cotisations payées par l'employeur.

Les cotisations de l'entreprise - employeur :

- Les cotisations payables par l'employeur sont le reflet de sa performance en SST.
- Un bon dossier, c'est-à-dire peu d'accidents et peu de réclamations de la part des travailleurs, équivaut à des cotisations moins élevées selon la catégorie dans laquelle l'entreprise est classée. L'entreprise qui a un dossier peu performant en prévention et qui présente un nombre d'accidents plus élevé que la moyenne, devra payer un taux de cotisation plus élevé.
- De plus, les mauvais résultats affecteront les cotisations des 4 années subséquentes. L'entreprise a tout intérêt à prévenir plutôt que guérir.
- Le taux de cotisation pour l'entreprise - employeur, est établi selon 3 facteurs :
    - par la catégorie de l'entreprise - *son facteur de risque selon ses opérations*

- par le résultat de l'année pour les 4 années suivantes.
- et si vous faites partie d'une mutuelle, qui est un regroupement d'entreprises de même catégorie et qui partagent les risques et les cotisations, consultez votre association d'entrepreneurs pour plus d'informations les concernant.

13.2 Comment traiter un dossier CSST

➢ Lors d'un accident, s'assurer de remplir le formulaire «Réclamation du travailleur». L'entreprise a le devoir de fournir toutes les informations nécessaires au dossier.

➢ Si le travailleur doit voir un médecin ou se rendre à l'urgence, faites-le accompagner et fournissez tous les formulaires nécessaires au médecin :
- Réclamation du travailleur - *formule CSST*
- Assignation temporaire - *formule CSST*
- Un document qui suggère des travaux allégés auxquels le travailleur pourra être assigné

➢ Au retour du travailleur, faites faire une enquête d'accident pour déterminer les causes de l'accident et les recommandations pour prévenir tout autre événement semblable, en répondant aux questions suivantes :
- Qui ?
- Où ?
- Quand ?
- Comment ?
- Pourquoi ?

N.B. : tous les intervenants participent à l'enquête :
- le travailleur
- le superviseur
- un représentant de la SST
- le ou les témoins
- le représentant syndical, s'il y a lieu

➢ Faites faire un mémo aux employés sur les conclusions de l'enquête d'accident en relevant les points suivants et communiquez l'information :

- Situation - *Où ? / Quand ?*
- Cause - *Comment ? / Pourquoi ?*
- Recommandation(s)

N.B. : *Utilisez des photos pour signaler efficacement.*

➢ Faites un suivi des recommandations
➢ Si l'accident est dû à une négligence du travailleur et que celui-ci a eu toute la formation nécessaire pour éviter un tel accident, vous pouvez contester la validité du dossier à la CSST.

13.3 L'assignation ou l'affectation temporaire d'un employé victime d'un accident

Une disposition que les travailleurs ont de la difficulté à accepter, et pourtant combien bénéfique.

Cette disposition, proposée dans la Loi des accidents du travail et les maladies professionnelles, est de permettre et de promouvoir la réinsertion rapide du travailleur dans son milieu de travail. Ce sont les articles 179 et 180 de la Loi qui traite de ce sujet.

La disposition oblige l'employeur à assigner un travail allégé à un travailleur victime d'un accident ou d'une maladie professionnelle, dans la mesure ou lesdites tâches respectent les restrictions médicales. Le travailleur peut ainsi assumer ses tâches de façon modérée et faciliter sa réadaptation.

L'employeur peut également suggérer des tâches autres que normales, destinées à l'assignation temporaire. De ces tâches suggérées, le médecin traitant pourra déterminer les assignations possibles qui conviennent à l'employé tout en respectant ses restrictions médicales.

Pour bien informer le médecin traitant, l'employeur aura pris soin de décrire l'environnement, de le renseigner sur l'horaire et la charge de travail de chacune des assignations possibles.

Le travailleur peut contester son assignation temporaire. Sa contestation devra être déposée à la SST de l'entreprise ou encore à la CSST qui évaluera sa demande et tranchera.

Il faut comprendre que l'assignation temporaire est avantageuse pour tous :

- ➤ pour l'employeur, elle permet :
  - de réduire ses cotisations, car le salaire de l'employé est payé par l'employeur. Plus la CSST paie d'indemnités plus les cotisations de l'employeur augmentent.
- ➤ pour l'employé, elle permet :
  - la réadaptation physique
  - le maintien du lien avec son milieu de travail
  - le maintien de l'intégralité de son salaire et de ses avantages.

13.4 Les contestations de dossiers CCST

- ➤ L'entreprise qui se dit lésée dans un dossier CCST et qui estime ne pas avoir de responsabilités dans un cas d'indemnités, peut contester la validité du cas auprès de la CSST.
- ➤ Les raisons qui pourraient être favorables à l'entreprise :
  - une mauvaise attitude du travailleur
  - un lourd dossier du travailleur, en matière de réclamations
  - si l'accident est dû à une négligence du travailleur et que celui-ci a eu toute la formation nécessaire pour éviter l'accident.
- ➤ Pourquoi contester un dossier :
  - Pour bien informer la CSST de la situation
  - Pour prévenir une telle situation à risques
  - Pour corriger des faits au dossier
  - Pour ne pas être pénalisé financièrement
  - Pour faire porter la responsabilité à la personne responsable :
    - Il se pourrait que la blessure ou le malaise soit dû à un accident antérieur.
    - Il se pourrait que la blessure ou le malaise soit dû à un employeur précédent.

- Il se pourrait que le travailleur présente des prédispositions à ce type de situation...

13.5 La santé publique du Québec et les CLSC

Les entreprises peuvent faire appel à l'agence de santé publique du Québec et au CLSC qui assistent les entreprises dans leurs démarches en SST.

Les techniciens et spécialistes de l'agence et du CLSC peuvent être considérés comme des partenaires à la SST de l'entreprise pour les analyses et pour les applications de procédures sécuritaires.

13.6 Les obligations administratives de l'entreprise en SST

La réglementation québécoise en matière de SST est exigeante et requiert une structure et une gérance de tous les instants.

L'entreprise qui compte plus de 20 employés ou dont 10 % d'un groupe de 40 travailleurs et plus qui en fait la demande, doit :

➤ élaborer un programme de prévention des accidents. Un *PPA* est un cahier de procédures complet sur les différentes situations qui pourraient survenir, tel un incendie, fuite de gaz, etc.

➤ tenir un registre des accidents et des incidents

➤ enquêter sur chacun des accidents ou incidents et mettre les moyens de prévention en place

➤ avoir un comité de SST dont les membres sont à proportion égale employeurs-employés ou qui est composé en majorité de travailleurs

➤ tenir des réunions mensuelles du comité SST

Les ressources nécessaires pour gérer la SST et suivre l'évolution des dossiers sont proportionnelles au nombre d'employés à la production. Une ressource pour 100 employés est le minimum pour être efficace.

Ici je n'inclus pas les ressources déjà en poste pour faire de la prévention. Je suggère qu'il y ait un gestionnaire qui administre les dossiers CSST et les programmes de prévention.

Un bon conseil...

> **Soyez vigilant envers les situations qui ont causé un accident ou qui sont à risque.**
>
> **Faites-le régulièrement par des inspections et des suivis, par des recommandations.**
>
> **Faites-vous une routine de vérifications. Vous avez tout à gagner à faire appel aux spécialistes de la santé publique, du CLSC et de la CSST.**
>
> **Ils sont là pour prévenir les accidents et pour conseiller les entreprises pour la mise en place de dispositifs de prévention.**
>
> **Ce sont des partenaires.**

Liens utiles :

http://www2.publicationsduquebec.gouv.qc.ca/home.php#
lois et règlements - par ordre alphabétique
y voir...

- ➤ Lois sur la santé et la sécurité au travail
- ➤ Loi des accidents du travail et des maladies professionnelles
- ➤ Règlement sur la santé et la sécurité au travail
- ➤ Règlement sur les comités de santé et de sécurité au travail

13.7 Les produits dangereux et le système SIMDUT

Les produits dangereux se placent au premier plan en ce qui concerne la sécurité du travailleur. Les gouvernements des pays industrialisés ont jugé essentiel de réglementer les produits chimiques, corrosifs et toxiques dans les industries.

Le SIMDUT (*l'acronyme français*) système d'information sur les matières dangereuses utilisées au travail, est un système qui vise à protéger la santé et la sécurité des travailleurs en favorisant l'accès à l'information sur les matières dangereuses utilisées au travail.

Le système informe :

1. les utilisateurs des produits sur la fabrication, l'importation des composantes, la distribution ou la vente des produits dangereux

2. les employeurs qui achètent, utilisent ou fabriquent eux-mêmes les produits dangereux

3. les employés qui utilisent des produits contrôlés dans le cadre de leur travail.

Dans ce système qui est la base des applications et utilisations préconisées par la CSST et la santé publique, il est important de noter que ce système est pancanadien dans lequel les fournisseurs, les employeurs et les travailleurs ont chacun leurs responsabilités.

Chaque produit considéré dangereux et inscrit au SIMDUT, est identifié produit dangereux sur le contenant et possède une fiche signalétique qui décrit le produit quant à sa composition et la teneur des produits, la manutention et l'entreposage qui lui est propre, les restrictions environnementales et les soins d'urgence recommandés dans le cas d'un accident.

SIMDUT est régi par des lois et règlements fédéraux et provinciaux. Toute personne fournissant ou utilisant des produits contrôlés doit s'y conformer :

> Les fournisseurs sont soumis à la loi fédérale, plus précisément à la Loi sur les produits dangereux (partie II) et au Règlement sur les produits contrôlés.

> Les employeurs, quant à eux, sont soumis à la loi provinciale, plus précisément à la Loi sur la santé et la sécurité du travail (article 62) ainsi qu'au Règlement sur l'information concernant les produits contrôlés.

> Les employés sont responsables de l'application et l'utilisation de produits dangereux selon la « Loi sur la santé et la sécurité au travail « (*LSST*) » et le Règlement sur la santé et la sécurité du travail »

Il existe d'autres systèmes très semblables dans d'autres pays où l'on retrouve majoritairement les mêmes produits réglementés.

Liens SIMDUT :

Canada : http://www.hc-sc.gc.ca/ewh-semt/occup-travail/whmis-simdut/index_f.html/

Québec : http://www.reptox.csst.qc.ca/Default.htm

SIMDUT...

SIMDUT est le dictionnaire des fournisseurs, des employeurs et des employés pour ce qui est de la manutention, de l'entreposage et des utilisations de produits dangereux.

Il est très important de respecter les directives SIMDUT et il est de la responsabilité de tous les intervenants d'en appliquer les consignes.

Liens utiles :

La CSST : http://www.csst.qc.ca/portail/fr/index.htm

La santé publique : http://www.msss.gouv.qc.ca/sujets/santepub/environnement/index.php?axes_intervention

CLSC : Centre local de santé et de services sociaux http://www.msss.gouv.qc.ca/reseau/rls/index.php

Le secret d'un bon service SST dans une entreprise...

Un programme de Prévention des incidents et des accidents expliquant :
- les façons de faire les tâches spécifiques de façon préventive
- la manutention des équipements
- la maintenance des équipements
- la manutention de produits
- la conduite de véhicules
- la prévention dans les bureaux
- sur le terrain de l'entreprise
- les installations et l'entretien des sorties d'urgence
- la protection des incendies
- les procédures en cas d'accidents et d'incidents
- La santé publique peut vous aider à monter votre programme

Et si on parlait d'environnement... à la leçon 15...

LEÇON 14
LA SÛRETÉ DU BÂTIMENT

La sûreté physique, le contrôle des biens et la protection de la propriété intellectuelle font partie maintenant du quotidien pour les entreprises.

La sûreté dans tous les services est concernée, soit parce qu'elle :

- est névralgique
- dépend d'un autre service
- est un intervenant direct

Pourquoi ?

Parce qu'il y a :

- la compétition, l'espionnage industriel
- les dommages accidentels
- les incidents
- la logistique des opérations
- la négligence humaine
- une négociation
- le vandalisme
- les vols
- les accidents sur le terrain et dans le bâtiment

> **La sûreté du bâtiment, des biens, des équipements, de la propriété intellectuelle de l'entreprise est aussi importante que ses opérations.**

Les moyens pour assurer la sûreté du bâtiment

- une agence de sécurité
- les contrôles internes
- les équipements informatiques
- le mobilier
- les zones protégées

- les degrés de protection pour les secteurs de travail, les opérations, les bureaux administratifs :
  - privé
  - confidentiel
  - strictement confidentiel
- les responsabilités des personnes clés - *entente de confidentialité, responsabilités physiques,*
- le service responsable de la sûreté du bâtiment
- les enquêtes
- l'entretien du bâtiment et du terrain
- le rôle et l'implication du service R-H

Ces moyens sont considérés efficaces s'ils sont appliqués quotidiennement et rigoureusement.

14.1 L'agence de surveillance (sécurité)

Le personnel de la sûreté peut être constitué par des employés de l'entreprise, embauchés par mandat ou sous-traités par une agence de surveillance spécialisée.

Une agence de surveillance a l'avantage d'être considérée neutre et spécialisée, ce qui est un élément important lors d'une enquête. Elle peut adapter ses services, sans implication de formation pour l'entreprise.

14.2 Les contrôles internes

Parmi les contrôles internes qu'il faut appliquer rigoureusement, considérez les consignes suivantes :

- consigner les clés à un endroit protégé, verrouillé et/ou sous surveillance
- restreindre les copies de clés donnant accès à tous types d'équipements ou d'espace
- les ordinateurs doivent être sécurisés à leur position de travail par un dispositif d'ancrage
- les copies informatiques de secours doivent être effectuées sur une base quotidienne, hebdomadaire ou mensuelle, selon le degré de protection nécessaire

- les copies informatiques de secours devraient être entreposées dans un endroit protégé, verrouillé et à l'épreuve du feu
- les bureaux des hauts dirigeants, les entrepôts strictement réservés, la salle d'ordinateurs, la salle des archives, doivent être munis d'un dispositif d'accès électronique ou de clés non copiables
- durant les pauses café et les pauses repas, tout endroit laissé sans surveillance ou sans présence, doit être mis sous clé, les effets personnels également
- catégoriser les secteurs en zones protégées ou publiques
- après les heures d'ouverture, les accès aux zones protégées et publiques doivent être interdits et/ou contrôlés par des moyens électroniques ou par une présence physique
- après les heures d'ouverture, tous les bureaux fermés doivent être verrouillés
- après les heures d'ouverture, tous les classeurs, tiroirs, entrepôts doivent être verrouillés
- après les heures d'ouverture, les barrières extérieures et intérieures doivent être fermées et cadenassées
- l'éclairage extérieur couvrant les accès et les périmètres doit être bien orienté et bien protégé contre le vandalisme
- tenir un registre des visiteurs à la réception
- tenir un registre des activités sur la propriété *(tenu habituellement par l'agence de surveillance)*
- contrôler physiquement ou par caméra les accès des visiteurs et s'assurer qu'aucun visiteur ne soit laissé sans accompagnement.

N.B. Je vous ai parlé des effets personnels des employés ...exigez de leurs propriétaires de les protéger, particulièrement lorsqu'ils s'absentent de leur bureaux et lors des pauses.

14.3 Les zones protégées

Il y a 3 types de zones :

Les zones désignées « privé » doivent :

- être sous surveillance, mais les accès ne sont pas nécessairement contrôlés

- dont l'accès est offert à l'ensemble des employés

Les zones désignées « réservé » doivent :

- être sous surveillance durant les heures d'ouverture
- être limitées aux personnes concernées, les visiteurs doivent être accompagnés
- être isolées après les heures d'ouverture

Les zones désignées « strictement réservé » doivent :

- être protégées en tout temps
- être à accès très limité au personnel autorisé seulement

14.4 Le degré de protection par zones de travail

Privé :

- l'accès à l'édifice
- l'accès à la réception
- les couloirs de services

Réservé :

- les accès aux bureaux administratifs
- les bureaux administratifs
- là où il y a des classeurs, des archives, du rangement, la photocopieuse, le télécopieur
- les bureaux d'employés et leurs effets personnels
- les salles de conférence
- la cafétéria

Strictement réservé :

- la chambre des télécommunications et des équipements informatiques
- les équipements de surveillance
- les laboratoires
- l'archivage de documents ou dossiers névralgiques de l'entreprise

14.5 Les équipements informatiques

Tous les équipements informatiques et de communication doivent être placés sous clé et sous système de surveillance, dans une chambre de télécoms ou de serveurs, dont l'accès est strictement réservé :

- les systèmes de surveillance
- les serveurs
- le système téléphonique
- les contrôles de cartes magnétiques
- les entrées de câbles télécoms ou fibres optiques
- les « rooters »

N.B. L'accès de cette chambre est strictement réservé aux responsables de la maintenance, de l'informatique, de la sûreté, et c'est tout.

14.6 Le mobilier

La tendance étant à aires ouvertes, la discrétion et la confidentialité y sont moins assurées. Il faut des installations sécuritaires tout en étant utilitaires :

- pour chaque poste de travail, des bureaux et des classeurs que l'on peut mettre sous clé.
- considérez un espace sous clé pour les effets personnels
- la photocopieuse doit être placée à un endroit visible par une partie des employés
- le télécopieur installé là où il y a toujours une présence et sous clé après les heures. (*n'oubliez pas, il y a une mémoire dans ces appareils...*)

14.7 La responsabilité d'une personne clé - *entente de confidentialité et de non-concurrence,*

La personne clé a un poste stratégique dans l'entreprise.

- elle a connaissance ou elle a accès à la propriété intellectuelle ou aux opérations « strictement réservé »
- elle possède des informations qui, aux mains de la compétition, de clients ou de personnes malveillantes, pourraient être nuisibles, voire même destructrices pour l'entreprise

Cette personne doit signer des ententes de confidentialité et de non-concurrence envers l'entreprise.

De plus, cette personne doit protéger les accès et être responsable de la sûreté de ses installations, des équipements et des informations sous sa responsabilité.

14.8 Le service responsable de la sûreté du bâtiment

Dans les petites entreprises, habituellement, le service de l'entretien/maintenance est l'exécutant de la sûreté du bâtiment parce qu'il est disponible 24 h sur 24 h, ou du moins, sur appel 7 jours sur 7.

Dans les moyennes entreprises, habituellement le service des R-H est responsable de la sûreté du bâtiment pour coordonner les procédures et le personnel ou l'agence.

Dans les grandes entreprises, ce service est une entité.

Il est responsable de la sûreté du bâtiment, de la coordination des procédures, de la gestion du personnel de surveillance ou de l'agence.

Cette responsabilité est vitale pour l'entreprise.
Il y a va de son existence.

14.9 Les enquêtes

Suite à certains événements survenus, il arrive que des enquêtes doivent être menées pour déterminer :

> les intervenants - *Qui ?*

> le moment - *Quand ?*

> le type d'évènement - *Quoi ?*

> l'endroit de l'évènement - *Où ?*

> l'évènement - *Comment ?*

Malheureusement, trop souvent, ces enquêtes ne servent qu'à trouver les responsables. Elles doivent toujours être menées dans l'optique de faire de la prévention, pour éviter que de tels événements se reproduisent, et si nécessaire, modifier les installations, changer les procédures ou les équipements.

14.10 L'entretien du bâtiment et du terrain

Un bâtiment, présentant des risques, des réparations non effectuées, un laisser-aller de son entretien, va causer des problèmes de sûreté et de santé & sécurité au travail :

➢ une porte qui ne ferme pas

➢ un entretien ménager déficient

➢ une rampe d'escalier non solidifiée

Même situation pour un terrain qui présente des risques, des installations non entretenues :

➢ un trottoir brisé et des fentes à la surface

➢ un éclairage inadéquat dont les lampes sont défectueuses

➢ le déneigement et le déglaçage négligés devant les portes, dans le stationnement

Nous sommes au Québec... et neige, verglas, gel/dégel, font partie de notre environnement.

L'entreprise est responsable de son environnement intérieur et extérieur, selon les normes du travail, au même titre que vous l'êtes chez vous, civilement, sur votre propriété, à la différence qu'il y a plus de va-et-vient sur le terrain de l'entreprise.

Malheureusement, vous ne pouvez pas vous déresponsabiliser parce qu'un employé ou un sous-traitant n'a pas fait comme il fallait. La CSST et votre assureur vont vous le rappeler douloureusement.

Un bon conseil...

Réagissez promptement à toute situation représentant un risque.

14.11 Le rôle du service des ressources humaines

Quel est le rôle des ressources humaines dans le domaine de la sûreté du bâtiment ?

➢ Dans le cas d'une petite entreprise :
- Vérifier les procédures et les moyens de sûreté
- Vérifier les mesures si elles sont appliquées

- Participer aux enquêtes d'évènements
➤ Dans le cas d'une moyenne entreprise :
- Coordonner les procédures et moyens de sûreté
- Gérer le budget de la sûreté
- Vérifier les mesures si elles sont appliquées
- Mener les enquêtes d'évènements
➤ Dans le cas d'une grosse entreprise :
- Le service R-H n'est pas impliqué - *sauf lorsqu'un employé est concerné*

Pourquoi les R-H jouent-ils un rôle dans la sûreté du bâtiment ?

La sûreté du bâtiment, des biens, des équipements et de la propriété intellectuelle de l'entreprise est aussi importante que ses opérations.

Le service des R-H joue souvent le rôle de coordinateur et de vérificateur des procédures de sûreté, parce que le service R-H connaît tous les services et qu'il est considéré le plus neutre d'entre tous les services.

LEÇON 15
L'ENVIRONNEMENT

Quelle couleur affichez-vous ?

Il faut être VERT !

Et si vous ne l'êtes pas, le ministère de l'Environnement du Québec, les organismes municipaux, les employés et votre milieu vont vous le rappeler... et avec des arguments très persuasifs.

L'environnement est une préoccupation de société et mondiale.

Pour les Canadiens et les Québécois, l'environnement fait partie de leurs 3 préoccupations majeures.

Vous avez tout à gagner à être VERT, mais attention être VERT, selon vos opérations, peut coûter cher à l'entreprise. Il faut bien analyser et s'entourer d'experts.

Dans le cas contraire, si vous n'avez pas le souci environnementaliste, les coûts d'opération et votre image en seront « hypothéqués » pour longtemps.

L'environnement comporte des responsabilités énormes pour les employeurs quant à leurs déchets, à leurs opérations et aux conséquences, suite à un accident. Pour une entreprise, l'environnement doit être une priorité, une priorité qui reflète une image soucieuse de sa collectivité.

> **L'environnement est un domaine pour lequel un compromis... peut être très coûteux pour l'entreprise.**

Pour vous assister dans votre gestion et vos démarches, il y a le ministère de l'Environnement du Québec, les municipalités et les MRC. Ils sont à votre disposition et vous offrent les services précieux de conseillers pour la récupération au sein de votre entreprise. Ils peuvent vous aider à réduire les coûts, et peut-être même, les réduire considérablement à long terme.

Il y a les firmes spécialisées, accréditées du ministère de l'Environnement qui font la cueillette des produits et déchets dangereux, les coûts en sont élevés.

Il y a aussi des initiatives VERTES, économiques, respectant les normes. Un comité d'experts, d'employés et de représentants du municipal serait un moyen de prévention et de conciliation très profitable pour tous les intervenants.

15.1 Le rôle du ministère de l'Environnement

Le Ministère a pour mandat de protéger l'environnement, il est au service des entreprises à titre de conseiller.

Le Ministère doit connaître les produits dangereux que vous utilisez et manipulez. Vous avez à fournir les fiches signalétiques de vos produits et informer le Ministère de tous changements de produits utilisés.

Le Ministère fait des vérifications et des inspections, souvent impromptues dans les entreprises. Un rapport suivra et des recommandations y seront signifiées. Vous aurez un délai souvent très court pour agir.

Il existe des firmes d'ingénieurs conseil pour vous guider dans vos démarches ou si vous êtes membre d'une association d'entreprises semblables à la vôtre, vous pourrez obtenir les informations nécessaires pour vous adapter à votre situation.

15.2 La gestion des déchets de produits dangereux

À la première étape, il faut analyser ce que sont nos déchets de produits dangereux :

- Sont-ils solides ou liquides ?
- Sont-ils transportables et par quels moyens ?
- Sont-ils compressibles pour réduire le volume ?
- Peuvent-ils être déchiquetés pour faciliter la manutention ?

Les réponses à ces questions vous orienteront pour l'utilisation de moyens appropriés pour une bonne gestion des déchets, et là, les services publics peuvent vous aider. Invitez-les à visiter votre environnement, demandez-leur d'inspecter et d'analyser vos installations, et si possible vos opérations.

Les autorités publiques vous soumettront des recommandations et des solutions appropriées selon vos besoins et vos préoccupations.

15.3 Faire le tri des déchets est profitable

Si vous disposez de plusieurs types de déchets vous avez avantage à trier vos déchets par types de plastique, carton, papier, métal, verre, etc. Une déchiqueteuse ou un compacteur réduirait vos coûts de transport.

> **Il faut être visionnaire dans notre façon de faire et être partenaire avec les services publics dans notre démarche.**

15.4 Comment disposer des déchets de produits dangereux

Il est important de prévoir l'entreposage pendant la période précédant la récupération faite par le recycleur, la firme spécialisée de récupération ou par les services municipaux.

- ➤ À quel endroit sur notre site, pouvons-nous les entreposer avant la récupération ?
    - si on y entrepose des liquides, le site d'entreposage doit être équipé d'un sol protégé par une membrane
    - le site d'entreposage doit permettre la récupération facile en cas de déversement liquide ou d'oxydation de solides
    - le site d'entreposage doit être isolé des installations, bâtiments, résidences, cours d'eau
    - prévoir les eaux de pluie qui sont transporteurs de matières
- ➤ Quels sont les équipements ou quelles sont les installations nécessaires à l'entreposage ?
    - Il faut protéger cette zone d'entreposage par une clôture, un éclairage adéquat.
    - Il faut s'assurer, par des vérifications régulières, de l'état des installations et des déchets avant la récupération.
    - Il faut aussi considérer les équipements et les installations nécessaires à la récupération ou pour se départir des déchets.

- Avec les techniques et les initiatives de récupération d'aujourd'hui, une gestion des déchets appropriée peut réduire les coûts d'opération et même être payant.

La récupération... un investissement très profitable

Considérez les coûts d'une saine gestion de vos déchets et des produits dangereux comme étant un investissement à moyen et à long terme dans vos opérations et pour votre image de bon citoyen corporatif.

Liens utiles :

Le ministère de l'Environnement du Québec :
http://www.csst.qc.ca/portail/fr/index.htm

Santé Canada - milieu de travail :
http://www.hc-sc.gc.ca/ewh-semt/index_f.html

Ici encore...

**Cette responsabilité est vitale pour l'entreprise.
Il y a va de son existence.**

La partie pratique...

❧

Maintenant que nous connaissons la théorie, appliquons celle-ci dans notre quotidien.

Au quai de Gaspé

*Et... Vous laissez vos principes...
ici dans cette boîte.*

vos principes

LEÇON 16
LES BESOINS PHYSIQUES ET PSYCHOLOGIQUES DE L'EMPLOYÉ

Avant de traiter des conditions de travail, il est essentiel d'analyser et de considérer les besoins réels d'une personne au travail.

Pour ce faire, il faut considérer :

- la moyenne d'âge des travailleurs, pour en étudier les besoins
- le type de milieu... un milieu urbain ou un milieu en région - la mentalité de nos gens
- la perception des gens qui fait souvent foi des préoccupations
- ce qui se fait dans les autres entreprises de la région
- un salaire minimum est une préoccupation majeure...

Posons-nous les questions existentielles suivantes :

- Quels sont les besoins physiques et psychologiques de l'employé qui doivent être comblés ?
- Quelle est la sécurité psychologique recherchée par un employé ?
- Quel est le type d'environnement de travail recherché par l'employé ?
- Quelles sont les motivations que recherche un employé ?
- Quels sont les besoins sociaux que recherche un employé ?

Les préoccupations et les objectifs faisant partie de la vie d'une personne sont les suivants :

1. sa sécurité physique et celle de sa famille
2. une fierté à bâtir et à réussir
3. l'encouragement, la reconnaissance de son travail et de ses efforts
4. une vie sociale correcte, harmonieuse
5. l'argent

Les études et les sondages le confirment. Il faut donc combler les besoins personnels et répondre aux préoccupations avant d'élaborer des conditions de travail acceptables et appréciées des employés.

Ce sont les besoins de l'employé !

Développons ces principes, allons-y par ordre d'importance.

16.1 La sécurité physique de la personne et de sa famille

- ➤ il est important pour un individu d'être sécurisé physiquement, de fait, c'est sa première préoccupation.
- ➤ sa santé et sa sécurité font partie de ses préoccupations.
- ➤ le bien-être de sa famille dans un environnement sécuritaire est également une de ses préoccupations.

16.2 Une fierté à bâtir et à réussir

- ➤ bâtir et réussir est le propre de l'homme
- ➤ être fier de ses réalisations fait partie de l'ego d'une personne
- ➤ réussir améliore sa réputation, lui donne une fierté, une reconnaissance.

16.3 L'encouragement et la reconnaissance

- ➤ l'encouragement va motiver la personne à se dépasser
- ➤ l'encouragement est le petit quelque chose qui allume, qui fait du bien, peu importe la circonstance
- ➤ réussir sans reconnaissance n'a aucun sens pour une personne dans un groupe
- ➤ être reconnu est un petit velours qui prend une grande importance en soi et face aux autres
- ➤ faire partie d'un groupe reconnu est une fierté dans le milieu et dans la famille.

16.4 Une vie sociale

- ➤ la vie sociale, le plaisir, la détente, tous des éléments qui font du bien à la personne
- ➤ une vie sociale équilibrée est synonyme d'harmonie, d'une certaine abondance, de succès, de bonheur
- ➤ selon notre mentalité collective, nous sommes en tant que société de tempérament égalitaire
- ➤ la préoccupation est l'égalité, ne pas avoir moins que ses confrères et consœurs de travail, mais pas nécessairement avoir plus qu'eux. Ceci s'applique un peu partout, dans les environnements syndiqués et non syndiqués.

16.5 L'argent

- L'argent est un signe de réussite sociale, mais l'argent, selon le dicton, ne fait pas le bonheur
- être d'accord ou non avec ce dicton, c'est tout de même la mentalité collective de notre société et même universelle
- de par notre mentalité collective, la perception sociale est que l'argent est un outil, mais pas nécessairement une fin
- il faut aussi considérer qu'un salaire minimum n'est pas un bon outil d'accomplissement personnel, et que peu importe notre mentalité, c'est un minimum et donc sujet à être amélioré.

Avant de définir des conditions de travail, nous devons combler les besoins physiques et psychologiques du travailleur :

- par un environnement motivant
- par des relations interpersonnelles stimulantes
- un salaire décent et comparable à la moyenne
- par notre soucis de répondre aux besoins.

Si nous comblons les besoins de la personne, de sa famille et de sa personnalité, nous contribuons à son bien-être.

Nous satisfaisons ainsi la majorité de ses besoins et de ses priorités.

Continuons la réflexion...

LEÇON 17
LA VALEUR DE L'ENTREPRISE ET DE SES EMPLOYÉS

Toute valeur est issue d'une culture, d'une tradition, d'une expérience, de l'éducation, qui devient une priorité et une façon de vivre.

Les valeurs de l'entreprise sont celles que l'on exige des employés. Elles sont également le reflet de l'entreprise, face à ses clients et au marché.

Un facteur souvent méconnu est que la majorité des employés sont fiers de leur entreprise et le démontrent par des discussions, des articles promotionnels portés sur eux, par du bénévolat identifié à l'entreprise. Les valeurs de l'entreprise sont les leurs.

Autre facteur important, il est bien et souhaitable que les employés collaborent à l'élaboration des valeurs de l'entreprise et à l'application de celles-ci. Cela suscitera de leur part une bonne collaboration.

Les valeurs de bases d'une entreprise doivent cibler :

- le client
- les relations avec nos employés
- le respect des ententes et entre les personnes
- l'implication des gestionnaires et des employés
- le dépassement

Il faut donc élaborer autour de ces thèmes.

> **L'élaboration des valeurs d'une entreprise est une étape importante pour l'entreprise, une des plus importantes.**
>
> **Tous doivent y participer pour y croire, pour les vivre.**

Allons-y bâtissons l'image d'une entreprise !

Bâtissons les valeurs d'une entreprise.

Analysons les principes de base pour faire des affaires.

17.1 Le client

- c'est votre source de revenus
- sans le client, vous n'existez pas
- il est très souhaitable d'avoir plus d'un client
- le client est le roi.

17.2 Les relations avec vos employés

- ils sont vos exécutants
- sans vos employés vous ne produisez pas, vous ne vendez pas
- vos employés doivent aimer travailler chez vous
- vous devez motiver, encourager et maximiser leurs efforts

17.3 Le respect des ententes, et entre les personnes

- la base de bonnes relations est la confiance et le respect
- sans la confiance, nous n'allons nulle part
- sans le respect mutuel, il n'y a pas de considération, c'est l'anarchie
- sans le respect de sa parole, les ententes ne sont pas honorées
- La confiance et le respect en son partenaire sont le premier échelon de toute entente.

17.4 L'implication des gestionnaires et des employés

- la responsabilité de tous et chacun est essentielle
- sans l'implication, il n'y a pas d'application
- sans la responsabilité, il n'y a pas d'intention et de contribution personnelle
- un employé qui n'est pas responsable à son échelon est le signe qu'un malaise existe
- la responsabilité est une maturité, l'implication personnelle et corporative amène les gens à travailler ensemble

17.5 Le dépassement

- ➤ l'innovation est le besoin de se surpasser, de faire mieux
- ➤ sans l'innovation, l'entreprise ne profite pas de tous les moyens de réussir
- ➤ l'innovation individuelle vaut un bon service R & D
- ➤ une entreprise dans laquelle ses employés innovent est un signe de santé.

Résumons,

Ouais S.V.P., ça fait beaucoup de verbiage...

Allons-y par des slogans rassembleurs :

- ➤ Le client est roi chez nous !
- ➤ Travaillons ensemble !
- ➤ Ici on se respecte !
- ➤ Moi je m'implique !
- ➤ Exceller et être dynamique !

Vos valeurs d'entreprise doivent être :

- ➤ simples
- ➤ claires
- ➤ précises
- ➤ rassembleuses

Vos valeurs inspirent confiance et elles sont un avantage pour un client à faire affaires avec vous.

Vos valeurs sont une assurance pour votre client.

Vos employés sont assurés de vos intentions.

L'implication des gestionnaires est essentielle.

LEÇON 18
LES RELATIONS INTERPERSONNELLES
GESTIONNAIRE - EMPLOYÉ

Quel type de gestionnaire êtes-vous ? Quel est celui de vos confrères - consœurs ?

Je me dois de vous mentionner qu'en plus du cinéma, j'ai de l'intérêt pour la mécanique, particulièrement les transmissions. Dans notre coin de pays, là où l'hiver est plus présent que l'été, le type de transmission, c'est important.

Donc, quel type de gestionnaires êtes-vous ? Quel est celui de vos confrères - consœurs ?

Je vais tenter de faire un parallèle entre les transmissions et les styles de gestionnaires.

Et voilà, Rousseau est reparti...

Je vous explique... il y a la transmission :

➢ traction, (*traction avant*) qui tire le véhicule.

   Pour certains gestionnaires, ça consiste à traîner une équipe de travail vers les objectifs à atteindre. Pour les petits véhicules la traction avant est supérieure, particulièrement dans les obstacles, mais plus le véhicule est lourd et gros, plus la traction s'avère difficile à contrôler et l'efficacité diminue.

➢ propulsion, (*propulsion arrière*) qui pousse le véhicule à l'aide d'une roue arrière.

   Pour certains gestionnaires, ça consiste à pousser une équipe de travail vers les objectifs à atteindre. Pour les petits véhicules la propulsion n'est pas l'idéal. Pour un plus gros véhicule, elle s'avère être un bon compromis à cause du poids et de la longueur. Mais ça demeure un compromis.

➢ 2 roues motrices, (*propulsion arrière*) qui pousse le véhicule à l'aide des 2 roues arrière.

   Pour certains gestionnaires, ça consiste à pousser énergiquement une équipe de travail vers les objectifs à atteindre. Ce type de transmission est utilisé normalement sur un véhicule tout-terrain. Il consomme beaucoup d'énergie. Pour certains, ce type de gestion est nommé la gestion du 2 X 4. On frappe et on nettoie par la suite.

> 4 roues motrices, *(action des 4 roues)* qui pousse et tire le véhicule à l'aide des 4 roues - avant et arrière, un vrai tout-terrain. Pour certains gestionnaires, ce type de transmission correspond à leur style de gestion unique... tout-terrain, pour toutes les situations. Avec un 4 x 4, ça passe ou ça casse !

> intégrale, *(propulsion et traction)* les roues sont utilisées selon le besoin. Pour certains gestionnaires, ce type de transmission est idéal, intelligent, humain et profitable. Il implique les forces motrices réparties et ne consomme pas beaucoup d'énergie. Faut dire que la transmission intégrale est à la fine pointe de l'efficacité depuis des années.

Si nous faisons un parallèle avec nos styles de gestion... de quel type de « transmission » êtes-vous ?

Ne répondez pas immédiatement... j'y reviens.

Dans un article de la revue AFFAIRES PLUS (*août 2007*), *Cheap Executive Operator*, signé par Nicole Côté,- présidente de Psycho-Logic. Madame Côté fait mention des types de gestionnaires. Pour certains, les « roues motrices », sont très appréciées des employeurs pendant un moment, le temps nécessaire pour faire le ménage et rétablir « l'ordre » au niveau des salaires, des dépenses et de la production.

Ce type de gestion a pour conséquences que l'entreprise y perd à tous les coups, que ce soit sa culture, ses traditions ou son esprit d'équipe. Souvent elle y perd ses meilleurs effectifs. Ce qui en résulte : une baisse de la motivation des travailleurs, le désintérêt de la relève et aucun attrait pour les bons candidats venant de l'extérieur. Une des conséquences est que l'entreprise a maintenant une mauvaise réputation sur le marché de l'embauche.

On peut dire que l'entreprise vit un succès monétaire momentané avant de sombrer pour plusieurs années dans des efforts de redressement douloureux et coûteux.

Madame Côté résume bien cette situation en désapprouvant ces gestionnaires qui favorisent les technocrates au détriment des « artistes », parce que, ce faisant, l'on risque de vider les entreprises de leur substance.

Il y a également de nombreuses études et statistiques portant sur ces types de gestionnaires (*nos 2 x 4 et 4 x 4*) qui sont très populaires auprès des propriétaires ou actionnaires d'entreprises.

De fait, 4 Canadiens sur 5, et nous pouvons rendre la proportion à un niveau universel, donc une forte majorité de gestionnaires et d'employés croient que le gestionnaire qui affiche une personnalité froide, sans sentiment, un caractère sévère et un profil de dictatorial, a plus de succès auprès des propriétaires et des actionnaires. Mais pour combien de temps ? Il s'avère que sa popularité ne durera qu'une année ou un peu plus, avant que les dommages ne surviennent.

J'ajouterai que dans l'organisation, ce type de gestionnaire est votre pire détracteur de politiques et d'atmosphère de travail !

Ici, il n'y a pas de recette magique. Il faut avoir à l'idée que, pour le propriétaire de l'entreprise, le « tout-terrain » donne des résultats immédiats et souvent percutants...

Il faut du doigté pour travailler et récupérer un « tout-terrain ».

Vous seul pouvez le faire.

> **La transmission intégrale doit être votre type de transmission.**
> **ATTENTION aux gestionnaires « tout-terrain ».**

Donc...

Gérer les facteurs humains, ça demande du discernement, du dosage et de la patience, pour amener les employés et les gestionnaires à travailler ensemble et ce, malgré les différences.

Pour gérer du personnel, les gestionnaires doivent être rassembleurs, surtout pas des dictateurs.

Ouais !

Mais ça vous le saviez, n'est-ce pas ?

Après l'énoncé de ces faits et de ces explications, je vous pose à nouveau ma question, mais formulée différemment...

Quel type de gestion est souhaitable pour l'entreprise et pour ses employés ?

Il n'y a pas de guide universel en gestion de ressources humaines.

Ce sont les ingrédients - les attitudes et la personnalité - qui font la différence.

Une saine gestion des ressources humaines repose sur des principes humains et est adaptée aux situations et aux besoins.

Il faut de la vision à court et à long terme pour ce faire.

Et souvenez-vous...

Vous ne pourrez pas régler toutes les situations problématiques dans l'entreprise.

Il y a les facteurs hors de votre contrôle et il y a les détracteurs.

Mais quand une situation se présente à vous, agissez professionnellement et consciencieusement.

Ne prenez AUCUNE situation sur vos épaules. Les situations de tous et chacun ne doivent pas vous affecter.

Leçon 19
LES ACTIVITÉS DES EMPLOYÉS AU TRAVAIL ET DANS LE MILIEU COMMUNAUTAIRE

Une entreprise dynamique reconnaît ses employés. Elle crée une atmosphère, des moyens de communication, comble les besoins de ses travailleurs.

Nous avons vu ces sujets dans les leçons précédentes. Nous gardons en tête que les employés ont des besoins physiques et psychologiques à combler.

Voyons maintenant comment les activités offertes aux employés peuvent donner des résultats avec la participation de l'entreprise dans le milieu, comment elles peuvent « faire la job ».

19.1 Le journal interne

On se souvient de l'importance des communications.

Comme pour le babillard central, le journal interne de l'entreprise contribue à diffuser les messages et les nouvelles aux employés.

Ce que l'on trouve dans un journal interne :

- des articles qui diffusent des nouvelles sur l'entreprise
- le mot du Président ou Directeur général
- les mentions d'honneur
- les anniversaires de naissance
- les objectifs et la vision de l'entreprise, d'un service,
- les résultats de l'entreprise, d'une équipe de travail
- des reportages sur nos clients
- des reportages - photos
- des informations qui s'adressent aux familles

Le journal interne devrait être envoyé par la poste chez les employés.

19.2 Un club social des employés

Un organisme sans but lucratif, établi par un règlement interne au nom des employés de l'entreprise, se donne les pouvoirs de percevoir les cotisations de ses membres et d'organiser des activités pour les employés.

Ces activités peuvent être en partenariat avec l'entreprise.

Quelles seraient les activités d'un club social ?

- souper dansant à thème
- journée familiale
- rallye
- journée de ski
- journée à la plage
- BBQ
- support à un membre dans le besoin
- sortie à la cabane à sucre
- soirée de loisirs
- entraînement physique hebdomadaire
- support à la communauté
- et bien d'autres.

19.3 Les activités de l'Entreprise

Ces activités sont organisées par l'entreprise, dans un esprit de bon « père de famille ». Elles s'adressent à tous ses employés et souvent à leurs familles. Elles sont habituellement gratuites.

Quelles seraient les activités organisées pour les employés et leurs familles ?

- des activités à caractère familial
  - journée porte ouverte
  - tournois
- des fêtes à thème :
  - la fête de l'été
  - la fête du travail
  - l'arrivée du Père Noël pour les enfants
  - le « party » de Noël pour employés
- expositions culturelles des œuvres d'employés
- rencontres mensuelles avec les employés
- et bien d'autres.

19.4 Le Club de reconnaissance des employés

Un club par lequel on reconnaît les employés pour leurs efforts est le fer de lance de votre programme de motivation pour les employés.

Ce pourrait être le « Club de l'Excellence », qui fait honneur aux employés dans des catégories spécifiques.

Que reconnaître chez les employés :

- la qualité du travail
- l'efficacité, la production
- la santé et sécurité au travail
- le travail d'équipe, l'esprit d'équipe
- l'innovation
- l'implication dans les comités et le communautaire
- la meilleure équipe
- les sans accident
- les sans absence

Pour reconnaître vos employés... Mettez-y le paquet !

Comment reconnaître et honorer les employés ?

- par un article dans le journal local et dans le journal interne identifiant les employés reconnus pour leur travail
- un tableau d'honneur
- des activités mensuelles
- repas avec le management
- rencontres avec le management
- photos d'évènements sur le babillard
- photos d'employés au travail
- plaques de mérite
- trophée de la meilleure équipe
- des articles promotionnels
- un Gala annuel de l'Excellence
- une semaine de fête préparatoire au Gala

- toute initiative positive
- et la p'tite tape dans le dos... (!!!)

19.5 Un centre de références et d'information

Un centre de références et d'information qui centralise les journaux, magazines, livres, audiovisuels, sur les sujets tels :

- l'historique de l'entreprise
- des reportages sur l'industrie, nos clients
- les rapports annuels
- les journaux internes et locaux
- des journaux, des magazines, des livres spécialisés
- information sur la gestion, le management, l'environnement
- les formations offertes par l'entreprise
- le développement personnel
- SST

Votre matériel doit être d'actualité, bien choisi et facilement accessible.

19.6 Le volet communautaire

N'oubliez pas le volet communautaire dans votre milieu.

- Vous vous devez, en tant que citoyen corporatif, de participer à l'essor de votre municipalité, des organismes, des institutions publiques
- Vous avez besoin d'alliés dans votre milieu, la Chambre de commerce, les associations d'entrepreneurs, etc.
- Vous devez projeter une image de bon citoyen.

Vous ne pouvez pas tout faire et être partout à la fois. Vous avez besoins d'ambassadeurs qui représenteront l'entreprise. Vos ambassadeurs sont vos employés.

Parmi vos employés, il y a en déjà qui se sont engagés dans différents mouvements, différentes activités, tels les loisirs, les comités de parents, des organismes, etc.

Informez-vous, encouragez-les et participez à leur bénévolat.

Encore une fois... Il est très important de créer une image de bon citoyen corporatif dans votre milieu, stratégiquement pour l'entreprise, et pour créer de la fierté chez vos employés.

19.7 Votre implication communautaire

Il y a la participation aux campagnes de levées de fonds des organismes communautaires. Mais s'impliquer veut dire plus, comme être présent ou être représenté.

Une autre façon de s'impliquer est d'offrir des stages aux étudiants du milieu. Il est intéressant de constater et d'encourager les ressources de votre milieu.

19.8 Communiquez et publicisez vos activités

Communiquez et moussez vos activités par des annonces, des affiches, des expositions, un album de photos.

Si vous disposez de système intranet et de messageries internes, vos invitations et vos communiqués seront plus facilement diffusés.

Publicisez vos interventions et vos actions bénévoles par des articles dans les journaux locaux et régionaux.

Les activités pour les employés et dans votre milieu communautaire sont des outils importants pour :
- ➢ créer des liens entre l'entreprise et le milieu
- ➢ créer de la fierté pour les employés
- ➢ développer un sentiment d'appartenance
- ➢ rejoindre les membres des familles
- ➢ être présent dans votre milieu
- ➢ faire vivre nos valeurs.

Allez-y sans retenue...

Il y a beaucoup de positif ET de la motivation à diffuser les bonnes nouvelles !

Leçon 20
Les conditions de travail d'une entente sans intermédiaire

Dans les leçons précédentes, nous avons compris l'importance de combler les besoins physiques et psychologiques de l'employé et établi notre priorité à définir nos valeurs et à les vivre.

Une fois ces informations comprises, nous pouvons aborder le thème des conditions de travail. Commençons par les lois et les règlements des relations de travail, pour nous, du Québec, avec la Commission des normes du travail du Québec. Les « Normes » constituent la base des conditions de travail au Québec.

Toutes les provinces canadiennes et les pays industrialisés, en Amérique et en Europe, ont de telles balises auxquelles les entreprises et entrepreneurs doivent se conformer.

Ces normes prévoient la grande majorité des conditions de travail possibles. Il n'est pas rare que les articles de conventions entre employeurs et syndicats reflètent les « Normes »

Établir des conditions de travail sans intermédiaire, c'est-à-dire sans association ou syndicat, fait qu'un employeur est juge et partie. Un souci d'égalité et de justice est donc essentiel.

Est-ce possible d'administrer une entente sans intermédiaire ?

Au Québec, environ 40 % des employés sont syndiqués. En théorie, il est donc possible de gérer des ententes sans intermédiaire.

Qu'est-ce qui favorise l'implantation d'un intermédiaire ?

À moins d'activistes syndicaux à l'intérieur de vos troupes, c'est l'attitude des gestionnaires qui favorise l'implantation d'un syndicat et d'un intermédiaire. On se doit de considérer les employés comme des collaborateurs et des partenaires.

À un guide de relation de travail, il faut établir les points et situations suivantes :

➢ La partie normative qui traite des points habituellement retrouvés dans toutes ententes ou guides :
- Définitions
- Droit de la direction

- Comité de santé et sécurité au travail
- Politique de harcèlement
- Ombudsman
- Horaire de travail et heures additionnelles
- Jours fériés, congés et vacances
- Système d'évaluation et de progression
- Régime d'assurances collectives
- Dispositions diverses - équipements fournis
- Régime de retraite

➢ la partie des salaires (*facultatif*)
    - les échelles salariales
    - les augmentations et progressions

➢ la partie des signatures
    - la durée de la convention
    - les signataires de l'entente

➢ la partie des annexes
    - les ententes d'exception

Un souci d'égalité et de justice est essentiel de la part des gestionnaires pour administrer une entente, avec ou sans intermédiaire.

LEÇON 21
LES NÉGOCIATIONS AVEC UNE ASSOCIATION D'EMPLOYÉS OU AVEC UN SYNDICAT

A priori, le droit des employés de s'associer ou de se syndiquer est un droit légitime et reconnu dans les mœurs et de par la loi québécoise. Elles sont aussi reconnues ailleurs en Amérique et en Europe.

Ici, c'est la Commission des relations de travail du Québec qui régit le mouvement de syndicalisation et sa politique favorise les syndicats. Rares sont les endroits au monde où l'on retrouve un règlement aussi permissif qui permette à un syndicat de syndicaliser des travailleurs en restreignant l'employeur quand il veut exposer ses positions.

Il faut comprendre la raison de ce règlement au Québec. Avant et durant les années 50 et 60, il y avait beaucoup d'abus de la part des employeurs. De fait, l'employeur avait tous les droits, ce qui était devenu inadmissible pour notre société.

Des lois, des règlements et des structures de surveillances ont été adoptés par le gouvernement de l'époque, et de nos jours, ils sont encore en vigueur et n'ont pas été changés.

Notre société a bien évolué depuis les années 50 et 60. En fait, les lois et les règlements régissant un mouvement de syndicalisation d'employés dans une entreprise n'ont pas vraiment évolué.

Par contre, pour la majorité, les syndicats ont évolué. Ils ont pris l'approche participative et proactive, en faveur des entreprises saines, et par ce fait, pour un environnement propice à de meilleures conditions de travail pour les travailleurs. Ce ne sont pas tous les syndicats qui ont cette doctrine.

Le mouvement syndical est un gros business. Un syndicat fonctionne par secteur d'activités, par unités d'affaires. C'est une entreprise en soi.

Je serais malicieux en vous demandant...

Avec quel syndicat vous négocierez ? et je vous dirais si vous aurez une pénible négociation ou une bonne entente pour les deux parties...

La négociation d'une entente ou d'une convention collective est cruciale pour l'entreprise et les travailleurs. N'oubliez jamais qu'il y a toujours des lendemains à ce processus. Ce qui ne veut pas dire que l'on doive céder à des pressions ou aux demandes exagérées.

21.1 Un mouvement de syndicalisation dans votre entreprise

Lors d'un mouvement de syndicalisation, l'entreprise a souvent l'impression d'être impuissante et sans moyen pour expliquer ses positions et les implications pour les employés.

Selon les termes des lois et règlements de la Commission des relations de travail du Québec, l'entreprise ne peut qu'expliquer les droits des employés.

Pour ce faire, l'entreprise peut avoir recours aux informations pertinentes que l'on retrouve sur un site Internet, mis en ligne par un regroupement d'entreprises. Vous trouverez ces informations à : www.infotravail.ca.

Pour être accrédité, le syndicat doit présenter sa demande en accréditation des employés à la Commission des relations de travail du Québec qui va vérifier la légitimité de la demande.

La procédure d'accréditation est la suivante :

- Si plus de 50 % (*50%+1*) des employés adhèrent au syndicat, il y a automatiquement accréditation.
- Si l'adhésion se situe entre 35 et 50 %, il y a un vote contrôlé par la Commission.
- Sous la barre des 35 %, le syndicat ne présentera pas de demande. Il poursuivra son mouvement de recrutement.

Question très pertinente ???

> En tant qu'entreprise, iriez-vous jusqu'à choisir « votre » syndicat ? (OUPS !)
>
> C'est un scénario, peut-être à considérer...

21.2 En ce moment, quels sont vos sentiments à propos de la syndicalisation dans votre entreprise ?

Vous êtes, comme tout employeur, sous le choc, abasourdi, sans réponse à vos pourquoi.

Comment cela se fait-il ?

Hé ! Alors là il faut en revenir...

D'une part, au Québec, la majorité des moyennes et grosses entreprises sont syndiquées, et si elles ne le sont pas, c'est très souvent une question de temps...

D'autre part, au Québec, la syndicalisation ou l'association d'employés fait partie de nos mœurs. Il n'y a pas que du négatif, au contraire il y a souvent du positif.

Est-ce stressant ?

Oui ça l'est, mais n'en faites pas une maladie. Il y a des bons côtés à une association ou à une syndicalisation.

Et dites-vous bien que vous n'êtes pas les premiers à vivre cette expérience...

Donc, on reste « cool », on respire...

21.3 Les côtés positifs d'une association ou d'une syndicalisation

Une association ou une syndicalisation établit :

- ➤ des structures de gestions
- ➤ des règles du jeu
- ➤ des façons de faire, entendues par les deux parties.

Vous souvenez-vous de nos gestionnaires 2 X 4 et 4 X 4 ?

Une syndicalisation fait leur éducation...

OUPS !

Ce qui détermine le positif d'une association ou d'une syndicalisation, ce sont les représentants, la mentalité du mouvement.

De là ma question du début...

Avec quel syndicat vous négociez ? et je vous dirai si vous aurez une dure et pénible négociation ou une bonne entente pour les deux parties...

21.4 Votre rôle R-H lors d'une négociation

- ➤ Vous devez instaurer et maintenir un climat, un environnement propice, favorisant des discussions franches et honnêtes.

- ➢ Demandez aux membres du comité de négociation de l'association ou du syndicat, dans quelle optique ils voient cette négociation. Ça vous en dira long sur la personnalité et les objectifs de chacun des négociateurs et sur leurs intentions.

- ➢ Vous devez analyser, avec les membres de votre comité négociateur de l'entreprise, la viabilité et la légitimité des demandes.

- ➢ Vous devez vous assurer que les textes finaux soient clairs et permettent une bonne gestion et une compréhension facile des articles.

- ➢ Dans la mesure du possible, vous devez informer vos cadres du déroulement des discussions.

- ➢ Vous souvenez-vous des implications sociales et communautaires de l'entreprise, (*à la leçon 19*) ? Il faut maintenant utiliser vos contacts, le milieu et la population, pour des appuis.

- ➢ Faire sentir à un comité de négociation que sa base d'appuis le délaisse, le place inévitablement dans une impasse et en position de compromis. Vous rappelez-vous du conflit à la SAQ, en 2004-05... quel désordre ce fut pour le mouvement syndical.

- ➢ Vous devez être patient et être en contrôle. Ce n'est pas le temps de perdre les pédales.

Votre rôle est de faciliter et de conseiller. On laisse de côté les principes antisyndicaux, c'est une négociation.

On évite les dérapages !

21.5 Les membres de votre comité de négociation

À nombre égal ou inférieur à celui du comité syndical ou d'association, votre comité pourrait être formé du directeur de la production, du directeur des finances, du directeur à la santé & sécurité au travail et de vous-même, - R-H, et de votre procureur spécialisé en relations de travail. Votre recherchiste ne devrait pas être trop loin...

Le D.G. devrait être informé, mais retiré du processus quotidien des négociations, pour mieux intervenir en temps et lieu.

21.6 Les supports nécessaires à votre comité

Pour négocier correctement, il faut connaître « l'adversaire » et prévoir les argumentations pour être en contrôle.

➢ Il vous faut toutes les informations des entreprises considérées comme étant semblables à la vôtre, soit par votre association patronale ou par votre conseiller juridique.

➢ Il vous faut connaître les conventions collectives que les entreprises, semblables à la vôtre, ont convenues lors de négociations d'entente de travail.

➢ Pour ce faire, vous pouvez avoir un recherchiste qui vous informe dans les minutes qui suivent les questions et les affirmations de la partie adverse.

➢ Vous devez avoir votre conseiller juridique ou tout au moins un support juridique, pour évaluer la signification et les conséquences des libellés.

21.7 L'endroit où se tiennent les séances de négociations

➢ Normalement et idéalement, les séances de négociations devraient se faire hors des locaux de l'entreprise, dans un endroit neutre, sans intervention du bureau, habituellement une salle pour les discussions et une ou deux salles pour chacune des parties.

➢ La salle de discussions et les petites salles pour les parties doivent pouvoir être verrouillées.

➢ Un hôtel avec salles de réunions, un centre d'affaires ou même un presbytère, font l'affaire.

➢ Il faut une ligne d'accès Internet, pour votre recherchiste et... beaucoup de café.

Ouais beaucoup de café !

21.8 Les étapes d'une négociation

Le processus est le suivant :

1. l'assemblée générale de l'association ou du syndicat dont les membres votent les demandes ou le cahier des demandes des employés

2. une rencontre pour le dépôt du cahier des demandes par le comité de négociations syndical au comité de négociations de l'entreprise

3. une rencontre pour permettre les premières discussions et commentaires des représentants de l'entreprise et des contre-propositions

4. une première rencontre de négociations qui consiste à y aller article par article pour en discuter, modifier, accepter ou mettre de côté de façon stratégique

5. dépendamment des différends, la négociation peut se faire en plusieurs rencontres, habituellement aux 2 semaines, afin d'en permettre la préparation et pour que vous puissiez peser les pour et les contre d'une proposition, d'une position

6. lorsqu'il y a entente de principes, il y a un vote parmi les membres de l'association ou du syndicat, et signature de l'entente

7. s'il y avait impasse, il pourrait y avoir un processus d'arbitrage. C'est le juge qui tranchera et établira la nouvelle entente ou convention collective, selon ce qui se fait dans une entreprise semblable ou selon les besoins (*voir aussi 21.12*)

8. suite à un arrêt de travail (*grève*) le retour au travail des travailleurs doit se faire selon un protocole négocié lors de l'entente de principes

21.9 Les moyens de pression d'un comité négociateur syndical

Ayant été des deux côtés de la clôture... je peux vous affirmer que le comité négociateur syndical et ses dirigeants syndicaux ont toujours autorité sur leurs membres. TOUJOURS !

D'autre part, la pression est lourde sur les épaules du négociateur. Il faut s'abstenir de toute émotivité.

Durant ces négociations, votre conseiller juridique doit vous conseiller à toutes les étapes et durant toutes les situations.

Un conseiller juridique, spécialisé en négociations et relations de travail, saura bien vous exposer les faits et les tenants et aboutissants. Il faut aussi comprendre qu'il est un conseiller... c'est vous qui avez la vision de l'entreprise et c'est vous qui allez en subir les conséquences.

1. Quels pourraient être les moyens de pression de la partie syndicale ou de certains de ses membres :

   ➢ un ralentissement : il vous en coûte des dommages, des frais encourus par les retards et des pénalités dues aux délais de vos livraisons.

   ➢ une grève : il vous en coûte une surveillance, des dommages, du vandalisme et souvent, vous aurez à subir du harcèlement

   ➢ des dommages et du vandalisme des biens et installations de l'entreprise

   ➢ du harcèlement physique ou psychologique envers les gestionnaires, les négociateurs, les cadres et peut-être envers vos employés non syndiqués

2. Vous vous devez d'être ferme. Autant on fait le travail aux R-H avec compassion envers les employés, autant il faut être ferme à certains moments, et ici, il le faut :

   ➢ parce que votre crédibilité est en jeu

   ➢ parce qu'il y a des implications monétaires

   ➢ parce qu'il y a des lendemains à tout conflit

   ➢ parce qu'il doit y avoir une sensibilisation des employés aux situations (*partie 1 plus haut*) qui affectent le processus de négociations.

3. Exemples de solutions à des moyens de pressions :

   ➢ pour tout moyen de pression, vous pouvez loger une poursuite au criminel contre l'association ou le syndicat qui doit avoir autorité sur ses membres

   ➢ pour tout moyen de pression, vous pouvez suspendre et reprendre les négociations que lorsque le comité de négociation de la partie adverse aura réglé une situation

   ➢ en dernier recours, vous pouvez utiliser le lock-out temporaire ou permanent, pour protéger vos installations et éviter les frais encourus par un ralentissement de travail

   ➢ des mesures disciplinaires ? Vous pouvez toujours en prendre, mais dans un contexte de négociations COLLECTIVES, l'individu n'est pas la source de la pression, il fait partie du mouvement, ce qui n'exclut pas nécessairement l'utilisation de mesures disciplinaires. Il faut évaluer le contexte, la conséquence.

N.B. Le comité négociateur de l'association ou du syndicat, clamera qu'il n'a pas d'autorité et de pourvoir sur les réactions de leurs membres...

Ouais ... Ouais ... L'affirmation est trop facile.

La responsabilité du comité négociateur de l'association ou du syndicat est réelle, à preuve, les nombreux recours collectifs des citoyens, gagnés contre les syndicats et leurs membres lors de moyens de pression excessifs ou non justifiés.

21.10 Les points couverts dans une entente ou convention collective

On retrouve 4 sections à une entente :

➢ La partie normative qui traite des points habituellement retrouvés dans toute entente ou convention :
- le juridique
- la sécurité syndicale
- les droits de la direction
- les comités
- les procédures de griefs, plaintes et arbitrage
- les mesures disciplinaires
- les principes d'ancienneté
- les mouvements de la main-d'œuvre
- les horaires de travail
- les congés et les vacances
- la santé et sécurité au travail
- les changements technologiques

➢ la partie des salaires
- les catégories d'employés
- les échelles salariales et les progressions salariales

- la partie des signatures
    - la durée de la convention
    - les signataires de l'entente
- la partie des annexes
    - les ententes particulières et d'exception
    - les ajouts d'articles

21.11 Les points qui requièrent votre attention dans une convention collective

Tous les points sont importants et particulièrement ceux qui auront des conséquences à long terme, parce qu'ils constituent des droits acquis qui peuvent être lourds à gérer dans un contexte différent.

21.12 Faut-il précipiter et à qui bénéficie de faire vite lors d'une négociation

Bien entendu, il y a le contexte du moment et les rapports favorables ou non avec le comité négociateur de la partie adverse, mais pour l'entreprise, rien ne sert de faire vite pour plusieurs raisons :

- faire vite, peut faire déraper les négociations et les conséquences sont souvent suicidaires
- faire vite, a pour conséquence très souvent de ne pas considérer tous les éléments et les conséquences
- une entente à long terme est un gage de stabilité pour l'entreprise, les employés et les clients
- lors de la première négociation, la loi au Québec stipule qu'après 12 mois de négociation, si les 2 parties ne se sont pas entendues, il y a 2 situations possibles :
    - les 2 parties peuvent présenter à un arbitre l'objet de la négociation et à ce moment c'est un arbitre qui décide des conditions de travail
    - après une période de négociation de 12 mois sans succès, un autre syndicat ou une autre association peut faire du maraudage auprès des employés et le syndicat du moment peut perdre son accréditation au profit d'un autre.

> un arbitrage présente certains avantages si vous jugez les demandes de la partie adverse déraisonnables. Notez que c'est un arbitre qui tranche et que cet arbitre est de la Commission des relations du travail du Québec, qui, au départ, de par sa vocation, est enclin à favoriser l'employé, les syndicats et les associations...

N.B. *Il est toujours mieux, et de loin, d'obtenir un règlement négocié plutôt qu'un règlement imposé.*

21.13 Ce qu'il faut avoir en mémoire lors d'une négociation

Une négociation est un jeu, qui doit être gagnant - gagnant, pour les 2 parties.

Bien entendu, il y a les bluffs de la partie adverse lors de discussions. Il faut donc que vous soyez bien informé et que vous connaissiez les objectifs et les préoccupations de la partie adverse.

NÉGOCIER DEMANDE DE LA MATURITÉ...
ON SE SITUE AU-DESSUS DES PRÉJUGÉS PERSONNELS ET ANTISYNDICAUX !

Une négociation est un processus basé sur le respect de la partie adverse.

Vous êtes un chef d'orchestre.

Un p'tit mot sur l'après entente...

Dans une convention collective, nous ne pourrons prévoir toutes les situations litigieuses malgré tous les efforts des négociateurs qui consistent à les anticiper. Pour chaque ambiguïté ou différend à une application, ou pour chaque disposition qui présente problème, il existe les lettres d'ententes qui sont des ententes sur des dispositions d'exception, des situations non prévues à la convention collective.

Les lettres d'ententes ...

Durant le terme de la convention collective, il peut y avoir des lettres d'ententes, qui sont un accord sur une disposition d'exception.

Il est bien vu du monde syndical d'utiliser ce moyen. Ça démontre un dialogue et une collaboration entre les 2 parties.

Leçon 22
Les Accommodements Raisonnables

Un sujet très controversé dans tous les pays. Le Québec n'y échappe pas. Pour certains, c'est un sujet menaçant, très émotif, qui implique nos valeurs, nos droits individuels et collectifs.

Les gouvernements hésitent à légiférer.

C'est un sujet également délicat pour une association ou un syndicat qui n'ose pas se prononcer sur un accommodement, se considérant un représentant de l'ensemble des employés. Les accommodements raisonnables sont très rarement inclus dans une entente ou une convention collective, mais ils sont discutés et il y a ouverture d'esprit.

Il est vrai qu'en milieu de travail, en autant que les droits d'accessibilité à un travail et d'équité aux conditions de travail soient respectés, il n'y a pas de règles autres auxquelles l'employeur est obligé de se soumettre.

Mais dans les pays industrialisés, il y a des lois protégeant la personne. Au Québec, il y a les Chartes canadienne et québécoise des droits de l'homme qui protègent les droits de l'individu dans nos sociétés.

Il ne faut pas oublier également qu'au Québec, et comme pour une majorité de sociétés occidentales, nous sommes une société avec des modalités et des applications laïques qui incluent des principes d'égalité pour tous.

L'idée d'acquiescer à une demande d'accommodement raisonnable, de la part d'un employé ou d'un groupe d'employés, est de créer une atmosphère de travail propice au respect des droits individuels, tout en respectant les droits et les acquis de l'ensemble des employés de l'entreprise.

Mais un accommodement demeure toujours une exception...

Un accommodement raisonnable est une correction à un environnement ou une condition de travail, à cause :

➢ d'un handicap physique ou psychologique d'une personne

➢ d'un contexte ou pour une raison religieuse

➢ d'une orientation sexuelle différente de la majorité

➢ de besoins spécifiques à une minorité visible - *langue, horaire de travail, culture, traditions religieuses*

> et bien d'autres accommodements individuels possibles.

Mais jusqu'où devons-nous aller pour acquiescer aux demandes ?

Considérant la portée possible d'un accommodement, des avis juridiques pour certains seraient de mise afin de clarifier et définir les applications ou les contraintes. Une consultation interne afin d'établir un consensus parmi l'ensemble des employés serait souhaitable. Dépendamment de votre façon de faire, elle pourrait aussi provoquer l'adversité de la part de certains employés.

Il faut donc considérer chaque demande d'accommodement avec discernement et parcimonie...

RESTREINDRE la majorité des travailleurs à une disposition particulière, à un groupe ou à un individu, en créant un statut particulier au détriment de la majorité
=
DANGEREUX et peut saboter votre atmosphère de travail.

Vous vous souvenez, à la section 16 - « Les Besoins physiques et Psychologiques de l'Employé » - de la préoccupation de l'employé de ne pas avoir nécessairement plus, mais sûrement pas moins que ses confrères et consœurs de travail...

En résumé...

Un accommodement raisonnable n'est pas une obligation pour l'employeur.
Il demeure toujours un compromis...
Il faut en mesurer les conséquences.

22.1 L'analyse d'un accommodement raisonnable

La décision d'acquiescer à une demande doit considérer les opérations et les obligations de l'entreprise :

- les ressources financières de l'entreprise
- l'impact sur l'efficacité, la qualité et la productivité des opérations

- la taille et la nature de l'entreprise et de ses travailleurs
- la santé et la sécurité des employés
- les conditions économiques de la demande
- la perception des employés concernés
- les dispositions de la convention collective
- les conséquences de l'application
- les lois et règlements

22.2 Ce qu'il faut considérer

Avant d'acquiescer à une demande d'accommodement raisonnable, il faut se poser les questions suivantes :

- L'accommodement est-il pour un groupe, un individu ?
- Quelles sont les conséquences pour les travailleurs concernés ?
- Quelles sont les conséquences pour les autres travailleurs ?
- Est-ce que cet accommodement nuit à l'entreprise ?
- Est-ce que cet accommodement nuit au climat de travail ?
- Est-ce que l'accommodement demandé est permanent ?
- Est-ce que l'accommodement est une forme d'érosion des droits collectifs ?
- Est-ce un accommodement pour un motif religieux ?
- Est-ce un accommodement pour des motifs physiques ?

22.3 Faut-il être discret ?

Une majorité des entreprises privées établissent certains accommodements raisonnables avec leurs employés et elles sont très discrètes sur le sujet.

Pourquoi ?

Le « pourquoi » est simple. Pour la très grande majorité des entreprises, il n'y a pas lieu de publiciser les exceptions...

Bien qu'accepté dans le milieu, un accommodement est un sujet délicat. Pour autant qu'il ne nuise pas à l'ensemble des travailleurs, aux règles de sécurité, aux opérations et qu'il serve bien le bénéficiaire, on l'accepte.

Mais attention aux conséquences et aux suites.

Il faut bien évaluer un accommodement...

Il faut donc user de parcimonie dans nos décisions et bien évaluer à long terme les conséquences d'un accommodement.

Leçon 23
Les Relations Publiques avec l'Extérieur

À la leçon 12, j'attirais votre attention sur l'importance de bien faire passer le message à l'interne. C'est un art de bien communiquer.

Qu'en est-il de vos communications pour l'extérieur de l'entreprise ?

Les relations avec le public sont très importantes dans le processus des communications et de la crédibilité de l'entreprise. Un message est très souvent perçu et véhiculé de l'extérieur à l'intérieur de l'entreprise !

23.1 Les réseaux de diffusion

Il nous faut donc des réseaux pour véhiculer votre message.

Il y a les télédiffuseurs, la télévision communautaire, les radiodiffuseurs, les journaux, etc.

Ici, il faut distinguer les reporters friands du sensationnalisme et de cotes d'écoute, des médias sérieux qui diffusent les vraies nouvelles sans les manipuler.

Un bon réseau se développe par des tentatives, des scoops contrôlés, pour bien évaluer les bons reporters. Un bon reporter sérieux est celui qui va rapporter la nouvelle telle qu'elle est et qui va en faire une juste et honnête analyse.

Il faut maintenir de bonnes relations avec les reporters de nouvelles. Il faut être au devant de l'actualité lorsque l'on doit annoncer, justifier ou rectifier la nouvelle. Sinon vous devez « réparer » la nouvelle... beaucoup d'énergie dépensée, et vous partez avec le fardeau de la preuve.

23.2 Les contacts

Autres que les réseaux de diffusions, il y a le milieu, notre environnement, la communauté d'affaires.

Nos contacts dans notre milieu sont une source de diffusion qui est très efficace car elle atteint les gens directement. Avec moins de fracas que les ondes radio ou télé certes, mais le contact de personne à personne, le bouche à oreille, est très efficace, voire même redoutable.

23.3 En quoi doit consister votre message

Essentiellement, votre message doit être fait d'idées, d'une vision, et exprimé par des mots clés.

Des firmes de consultants spécialisés vous diront que vous devez contrôler le message et l'interview. Très vrai.

Les spécialistes en communication vous diront également de répondre aux questions par votre message. C'est bien différent que de répondre aux questions par des réponses...

Un exemple ...

L'intervieweur :

On dit que l'atmosphère à la table de négociations n'est pas favorable. Est-ce exact ?

Votre message :

Depuis le début des négociations, nous gardons le cap pour obtenir du syndicat une entente satisfaisante pour tous, en considérant le bien-être des l'employés.

WOW !

Avouer que c'est habile comme message...

Vous avez passé comme message :

- votre souci des employés...
- votre priorité à obtenir du syndicat une entente satisfaisante pour les employés ...
- vous êtes maintenant le bienfaiteur et le représentant des employés...

Ouais ...

Analysez l'interview des pros en politique, par exemple, l'interview d'un premier ministre à l'occasion de son point de presse. Vous remarquerez qu'à certaines questions du reporter, les réponses d'un premier ministre sont parfois détournées pour communiquer son propre message. Pour faire passer son message, il utilise toujours le même vocabulaire, les mêmes images, les mêmes idées.

Il doit contrôler son interview, pour passer son message.

23.4 Et on martèle le message

Dans notre exemple du premier ministre qui fait passer son message, il utilisera le même vocabulaire, les mêmes images, les mêmes idées, de fait, il utilisera toujours les mêmes mots clés dans son message.

En effet, le principe pour bien faire passer son message est d'utiliser le même vocabulaire, en le martelant.

Alors, dans une communication ou une série de communiqués portant sur un même thème ou une même situation, on utilise maximum 3 mots clés ou idées avec le même vocabulaire.

Pourquoi seulement 3 mots clés ou 3 idées ?

Parce que le message doit être simple, clair... et accrocheur.

Exemple...

« Notre implication cible le milieu **communautaire** et notre **économie locale**. Notre entreprise est très sensible à notre milieu **communautaire**. Nous **encourageons** nos employés à être des intervenants actifs dans leur **communauté**. »

« Notre entreprise est un **moteur économique** pour **notre région**. Nous avons fait la création de plus de 30 emplois dans **notre région**, ce qui fait de notre entreprise, un **partenaire économique** important dans **notre communauté**. »

> **Le principe de bien communiquer et de bien faire passer son message, est de le marteler en utilisant des mots clés, le même vocabulaire.**

23.5 Votre logo

Une image vaut mille mots...

Votre logo doit « dire », « raconter » votre entreprise.

Il faut du mouvement dans votre logo et pas plus de 3 couleurs, 2 c'est mieux. Le blanc n'est pas considéré.

Analysons les logos de Bell Canada et de Telus, des années 1990 et 2000.

Le nom connu du public est là et l'image de la figure illustre très bien le mouvement rapide, la communication partout, de tous les côtés, sur toute la planète.

Juste le mot illustre bien la communication. En anglais, « tel us » - *dites nous* - ou sous-entendu « telephone us », parle de communiquer. Ici aussi, il y a le mouvement et le illustre, entres autres, une personne ayant une démarche rapide.

23.6 Votre slogan

Un slogan est plus axé sur un message. Votre slogan résume votre mission ou une campagne publicitaire. De fait, le slogan est un message qui vous caractérise. Il a une duré plus courte qu'un logo. Il est là pour un moment.

Analysons les slogans publicitaires de Sympatico et de Vidéotron concernant leurs services Internet :

« *Sympatico - Internet total* »

Ça vous dit quoi comme message ?

Que le service offert par Sympatico est complet.

Simple, mais ça dit ce que ça veut dire.

« *Vidéotron le pouvoir infini du câble* »

Ça vous dit quoi comme message ?

Que Vidéotron offre un service par câble sans limite, sans limite à pouvoir accomplir.

Par leurs slogans :

➢ Sympatico met en valeur sa gamme de produits
➢ Vidéotron met en valeur la performance de son service

23.7 Les dons en argent, les commandites et les dons en temps et en support

Nous avons effleuré le sujet à la leçon 19. L'implication que vous démontrez dans votre milieu est importante et représente un investissement qui servira à rehausser votre image et accroître votre crédibilité. Il est donc important de bien coordonner les actions et les argents investis.

Un montant d'argent donné de façon anonyme, parmi les autres entreprises, lors d'une campagne de levée de fonds, n'est pas ce qui est le plus représentatif. Il faut plus, il faut une présence.

Lors d'une soirée bénéfice, présenter aux organisateurs un chèque sur la scène de l'évènement, est beaucoup plus significatif et reflète mieux votre implication dans le milieu.

> **Votre implication dans le milieu est une source de fierté pour vos employés.**
>
> **Entretenez les liens avec votre milieu communautaire, c'est avantageux pour tous.**

Vous devez choisir vos bénéficiaires, les causes qui sont chères à l'entreprise. Ce pourrait être la fondation d'un centre de santé, d'un projet étudiant. Vous pourriez offrir un soutien humain à un conseil d'administration régional pour aider les jeunes, participer à une marche nationale, etc.

Vous ne pouvez pas tout faire seul. Vous ne pouvez pas être présent à toutes les activités. Vous devez être représenté.

Tel que mentionné, vos employés sont vos meilleurs ambassadeurs et ils se sentiront valorisés en tant que messagers.

> **Il y a des implications financières et il y a plus... être généreux de votre temps et de vos ressources humaines.**

LEÇON 24
LES SUBVENTIONS GOUVERNEMENTALES, D'ORGANISMES OU D'AGENCES

C'est bien connu ... « La *POLITIQUE* mène le monde ! »

L'objectif d'une subvention ou d'une aide gouvernementale aux entreprises sert à corriger une situation ou à encourager :

- ➤ rectifier une lacune économique dans un secteur d'activités
- ➤ une expertise dans un domaine
- ➤ le développement d'activités dans une région
- ➤ la création d'emplois

Un gouvernement considère aussi une subvention ou une aide fournie à une entreprise comme un retour économique sur un investissement :

- ➤ par la création de nouveaux emplois qui rapportent des impôts des particuliers
- ➤ par le commerce et les taxes de services générées
- ➤ par l'accroissement des impôts à long terme
- ➤ par des emplois générés pour des bénéficiaires sociaux
- ➤ par le développement économique d'une région ciblée
- ➤ par le développement d'un secteur d'activité ciblé
- ➤ par des investissements capital-actions

Il y a aussi le facteur politique :

- ➤ le facteur humain d'une région ciblée
- ➤ le facteur économie d'une région, d'un secteur stratégique d'activité
- ➤ le facteur électoral, par des votes aux prochaines élections...

24.1 Quels sont les avantages d'une subvention pour une entreprise ?

Ce sont habituellement des avantages immédiats et à moyen terme :

- ➤ des crédits d'impôts pour la création d'emplois pour un certain nombre d'années

- ➢ des prêts et / ou investissements à des conditions avantageuses remboursables :
  - taux d'intérêt avantageux
  - remboursements étalés
  - remboursement de capital retardé
  - capital-actions - *participation à l'entreprise*
  - services de soutien par des spécialistes, des mentors
- ➢ des aides non remboursables

24.2 Comment trouver l'aide qui vous convient ?

Vous pouvez trouver les informations pertinentes sur le portail des sites gouvernementaux ou encore auprès de votre conseiller financier, de votre comptable ou de votre banquier, pour vous orienter dans vos démarches.

Il existe des entreprises-conseils qui se spécialisent dans la recherche de subventions, moyennant un retour sur les montants obtenus.

Il existe également des consultants qui se spécialisent dans le soutien en recherche de subventions et aides de toutes sortes, par des guides de recherches, ce qui vous fait travailler certes, mais qui est plus économique pour vous.

24.3 Quelles sont les situations pour lesquelles une entreprise peut bénéficier d'une subvention et d'une aide gouvernementale ?

L'entreprise doit présenter un dossier crédible, bien monté, qui répond principalement aux situations ou aux besoins suivants :

- ➢ à l'établissement et au démarrage d'une entreprise
- ➢ à la création d'emplois
- ➢ à l'exportation de vos services ou de vos produits
- ➢ au développement et comme soutien à l'exportation de vos services ou de vos produits
- ➢ dans un des secteurs d'activités ciblées par les ministères tels :
  - culturel
  - exportation de biens et/ou de services

- industriel, manufacturier
- recherche et développement
- technologique nouvelle

N.B. Les chances d'obtention d'une aide ou d'une subvention sont meilleures pour une entreprise comptant plus de 50 employés, de bonne envergure et en bonne santé.

Vous avez un projet :
➢ d'exportation - de votre produit, de votre expertise
➢ en R & D
➢ qui innove dans un domaine stratégique
➢ qui va créer des emplois
➢ qui va développer une expertise régionale, nationale

...demandez une aide et un soutien gouvernemental.
Ce sont nos taxes et nos impôts à notre service.

Leçon 25
les Rumeurs

Qui ne s'intéresse pas aux potins ?

Qui n'est pas friand de rumeurs ?

Qui n'a pas déjà, candidement, véhiculé une rumeur ?

Avez-vous répondu OUI à une, deux ou trois de ces questions ?

Alors vous comprenez le plaisir souvent à entendre une rumeur. Et souvent, en entendant une rumeur, on en rajoute...

C'est humain, pas correct (!!!), mais humain.

Mais pour la personne ou l'organisation, concernée par une rumeur, ça peut être l'enfer.

> *Extrait du journal - La Presse Affaires.com*
>
> *« La rumeur au bureau est une arme redoutable, car on ne sait jamais comment elle se transformera au fil du temps et des conversations », affirme Luc Brunet, professeur de psychologie du travail à l'Université de Montréal.*
>
> *Ce que l'on considère comme du potinage inoffensif autour de la machine à café, est en fait une forme de violence indirecte.*
>
> *«La rumeur est une catégorie de harcèlement psychologique au travail qu'on oublie trop souvent, parce qu'on en banalise l'impact», estime la psychologue du travail, Pascale Lemaire.*
>
> *Souvent, les travailleurs qui en sont victimes ne savent pas comment réagir. Dans la majorité des cas, ils préfèrent se taire de peur d'en rajouter. S'ensuit la dégringolade. L'employé angoisse et n'est plus concentré à sa tâche.*

Une rumeur ... c'est le grain sable dans l'engrenage.

Une rumeur peut saboter tous vos efforts dans un dossier ou dans une opération. Elle peut miner votre crédibilité et votre image.

Il est donc important de répliquer à une rumeur et d'en rétablir les faits. Dépendamment de l'ampleur, il faudra utiliser un moyen, un média percutant, pour donner l'effet immédiat. Vous devez réagir avant que le grain de sable ne devienne une roche.

De fait, c'est tolérance zéro rumeur !

N.B. Un employé pourrait poursuivre l'entreprise qui n'a pas réagi à une rumeur par des mécanismes pour prévenir ou faire cesser le harcèlement.

Suggestions de moyens à prendre pour contrer une rumeur...

Pour éviter une rumeur, pour autant que cela soit possible, vous devez...
- ➢ être présent sur le plancher et être proche de vos gens
- ➢ animer des rencontres mensuelles avec tous les employés ou par petits groupes, sur les sujets d'intérêts

Avant que le grain de sable ne devienne une roche, vous devez...
- ➢ tenir une ou des rencontres informelles avec les groupes concernés par une rumeur
- ➢ émettre un communiqué officiel si la rumeur prend de l'ampleur

Les Grands Principes du Savoir-Faire en R-H...

❧

Vos qualifications à développer... constance, patience et vision !

La maison du Roché Percé

Hé ! Laissez vos vieux principes dans la boîte, ce n'est pas fini... Ouais.

vos vieux principes

LES GRANDS PRINCIPES DU SAVOIR-FAIRE R-H
Vous souvenez-vous de l'introduction au début de ce livre...

Dans un monde bien différent de la production et des ventes, vous entrez dans l'univers des relations avec des humains.

Pourquoi les R-H - fait au Québec ?

1. De par notre situation géographique, notre culture et nos lois qui nous sont propres, nous vivons entourés de théories de gestions et de façons de faire qui sont souvent difficiles à appliquer dans notre milieu.

2. Nous avons des lois et des réglementations qui sont souvent différentes d'ailleurs. Nous devons nous conformer à ces législations avec lesquelles nous devons manœuvrer, de façon à conserver une flexibilité et atteindre les objectifs d'entreprise.

3. Bien que la science des ressources humaines soit basée sur des principes, des expériences et souvent par des démarches bien structurées, les applications doivent être adaptées à l'environnement, au milieu de vie des employés et à la culture la région.

4. Les employés sont la richesse de l'entreprise. Ils sont sa capacité de s'adapter, son plus important facteur de succès.

5. Le service des ressources humaines s'adresse à des humains, ce qui implique les besoins de l'employé, la culture, les traditions de la société, du milieu et les valeurs de l'entreprise. La personnalité des ressources R-H et la façon d'aborder les situations sont les facteurs de succès importants pour une entreprise.

Regardons ensemble, où nous nous situons maintenant...

Dans cette section, nous retenons les grands principes du Savoir-Faire en R-H, par :

- des remises en questions personnelles
- les points saillants
- des réflexions pour bien comprendre notre rôle, nos responsabilités au service des ressources humaines.
- les grands principes du Savoir-Faire en R-H

Dans les leçons précédentes, nous avons analysé l'impact des principes développés sur nos valeurs personnelles, sur notre perception des situations et des moyens suggérés.

Allons-y par ordre alphabétique :

- Le **Bien-Être** physique et psychologique de nos gens
- L'art de la **Communication**
- Nos **Décisions**
- Être **Équitable** dans nos conditions de travail
- La **Façon de Faire** et l'**Attitude** du représentant R-H
- Le **Rôle** d'un représentant du service R-H
- Nos **Valeurs** R-H

Et pour cette étape de votre réflexion, vous apprécierez l'accompagnement d'un coach ou d'un mentor... pour vous situer dans ce processus de valeurs.

Le BIEN-ÊTRE physique et psychologique de nos gens

Pour évaluer,

- si nous nous soucions du bien-être de nos employés
- si selon nous notre personnel travaille dans un **environnement de travail agréable**
- si nous avons de bonnes **conditions de travail** pour nos travailleurs
- si nos installations, nos politiques de la **santé et sécurité au travail** sont adéquates
- si nous entretenons de bonnes **relations interpersonnelles** avec les employés...

Posons-nous la question...

> Est-ce que je motiverais et encouragerais mon enfant à travailler dans mon entreprise ?

OUPS !!!

1. Alors, qu'est-ce que je dois améliorer dans mon entreprise pour permettre aux employés de se développer, de s'émanciper et de demeurer dans l'entreprise ?
2. L'entreprise peut-elle se permettre d'effectuer des changements lors de telles situations ?
3. L'entreprise a-t-elle les ressources financières et humaines pour améliorer ces situations ?
4. Est-ce que j'ai les connaissances et les ressources pour entreprendre ce processus de changement ?
5. Quel est mon plan d'intervention pour améliorer ces situations ?

L'art de la COMMUNICATION

Nous avons vu l'importance de la communication.

Pour faire de la bonne communication, il faut bien s'exprimer. Que ce soit par écrit ou verbalement, vous devez maîtriser les mots, les expressions, les idées.

Cela se veut d'être simple et clair, à la portée de tous.

Questions...

> **Est-ce que je maîtrise mon discours, ma présentation, mon sujet, est-ce que j'y crois ?**
>
> **Suis-je motivé et enthousiaste au point d'en être crédible ?**

Ici, nous parlons d'être crédible et non d'être convainquant... Vos atouts sont votre crédibilité et votre personnalité, c'est ce qui doit transparaître lors de votre discours. Vous êtes crédible et honnête... votre message passe mieux.

Pour bien communiquer, il faut :

➢ maîtriser les techniques - *écrites et orales*

➢ connaître les logiciels de présentation

➢ maîtriser l'expression et le langage corporel, autant que possible

➢ être positif, et inspirer une joie de vivre

➢ et très important... afficher votre sourire.

Ouais...

Votre image et votre personnalité sont des atouts majeurs pour faire passer le message.

> **Vous n'avez qu'une occasion pour bien paraître... Préparez-vous !**

Et les médias informatiques, les exploitez-vous ?

Parmi les moyens à considérer :

➢ votre site Internet mis à jour régulièrement

➢ votre site intranet informatif, d'actualités et l'affichage des services de l'entreprise

➢ les courriels quotidiens ou hebdomadaires à vos employés

➢ un journal électronique ou papier, mensuel sur les activités de l'entreprise à l'interne et à l'externe

N.B. Et n'oubliez pas le bon vieux babillard.
Donc...

1. Est-ce que j'ai les connaissances, les moyens et les ressources pour bien faire comprendre mes interventions ?

2. Quel est mon plan d'intervention pour faire passer mon message ?

Je me souviens, à une époque où j'étais employé cadre pour une grosse entreprise, à l'occasion de la fête de l'Halloween, je devais mener une campagne de sensibilisation à la sécurité et la prévention des accidents. On est dans les débuts des années 1990, période où il y avait des accidents dans les rues impliquant des enfants et des friandises trafiquées.

Ce matin-là, pour l'occasion, je devais communiquer les principes de sécurité, à la station de radio de la région, avec mon ''morning man'' préféré. Je me souviens m'y être préparé pendant plusieurs jours et je me suis surpris moi-même à dire mon baratin sans hésitation, avec assurance et en direct sur les ondes.

Je vivais mon message et j'y croyais dur comme fer.

Par la suite, dans les années qui ont suivi, les consignes et les campagnes de sensibilisation furent reprises par les services municipaux dans presque toutes les municipalités. Le soir de l'Halloween, les gyrophares des véhicules municipaux avisent les automobilistes de la présence d'enfants.

Je doute que je sois l'unique instigateur de ce mouvement de prévention, mais je crois avoir déclenché une sensibilisation auprès des parents et des autorités de ma région.

Mon message avait bien passé.

Vous croyez à votre message, vous vous y êtes préparé, vous le communiquez avec vos tripes...

Alors oui, votre message va passer !

Nos décisions

Nos décisions sont le reflet, l'image du degré de respect que nous portons envers nos employés et envers l'entreprise.

C'est la marque d'un bon gestionnaire de jumeler respect de l'employé et rentabilité de l'entreprise.

Est-ce rentable d'être un bon gestionnaire ?

Oui.

De fait...

➢ il faut prendre une décision en respectant nos valeurs

➢ il faut que nos décisions respectent l'employé

➢ il faut que nos décisions permettent d'atteindre les objectifs d'un service et de l'entreprise

➢ il faut prendre le temps de considérer tous les facteurs

➢ il faut être constant, cohérent et juste envers nos gens

Et dire à notre employé que nous avons fait une erreur...

c'est humain et accepté, en autant qu'on corrige le tir.

Comme disait un entraîneur du Club de hockey le Canadien...

« Y-en aura pas de facile ! »

Prendre une décision implique 3 volets :

1. VOLET : le côté logique
   - les faits
   - les situations

- les règlements
- les politiques internes

2. VOLET : le côté perception
    - votre interprétation des faits
    - votre compassion envers le sujet
    - votre expérience de cette situation
    - les valeurs de l'entreprise

3. VOLET : les conséquences
    - l'impact de cette décision sur le climat de travail
    - la crédibilité du service et de l'entreprise
    - les résultats et les cibles menacés
    - la perception de nos clients
    - la perception du milieu

En ressources humaines, il n'y a aucune place pour les décisions hâtives !
Prenez le temps de bien documenter votre dossier !

Prenez le temps de bien faire les choses...

La meilleure décision est prise de façon réfléchie, en considérant toutes les données.

On s'appuie sur :
➢ nos valeurs
➢ le respect de l'employé
➢ les objectifs à atteindre

Il faut être constant, cohérent et juste envers tous.

Donc...

Avez-vous des doutes sur vos capacités de décision ?

Allons-y, crevons l'abcès !

> Vous sentez-vous souvent pris entre l'arbre et l'écorce, et souvent impuissant ?

Pourquoi ?

> Avez-vous l'impression de ne pas atteindre les objectifs ?

Pourquoi ?

> Avez-vous l'impression de tourner en rond ?

> Quelles sont vos solutions ?

ÊTRE ÉQUITABLE dans nos conditions de travail

Un des grands principes dans les relations de travail chez tous les employés, est L'ÉGALITÉ dans les conditions de travail.

Peu importe le pays, les employés recherchent l'égalité des droits, des avantages... des conditions de travail.

Ici, au Québec, plus que partout ailleurs, ce principe est fondamental. Les « passe-passe » ne sont pas acceptés.

Il nous appartient, à nous, gestionnaires, ou oeuvrant au service des R-H, de voir à ce principe et à l'application de cette condition de base.

Dans les faits... être équitable signifie :

> que tous les employés aient accès à des conditions de travail décentes selon des comparables

> que les employés aient accès aux promotions internes, à de nouveaux défis

> être juste et cohérent dans nos décisions

> que l'employé reçoive autant qu'un autre pour une tâche similaire, avec les mêmes moyens, pour réussir sa tâche.

Pour nous gestionnaires... être équitable signifie :

> appliquer les principes de justice et d'égalité dans notre gestion

> donner à chacun l'occasion de réaliser ses ambitions

> fournir les outils et offrir des formations aux employés afin qu'ils puissent réaliser leurs ambitions

> considérer les connaissances, les expériences et les attitudes de nos gens à leur juste valeur, entre autres, pour les affectations de tâches ou pour les transferts de postes

- faire bénéficier l'entreprise des connaissances, des expériences et des attitudes de nos gens
- faire bénéficier l'entreprise des bonnes ressources internes et externes

N.B.

- les connaissances, les expériences et les attitudes de nos travailleurs devraient être considérées avant le principe de l'ancienneté
- De plus en plus de travailleurs, selon la mentalité des entreprises, sont en accord avec le principe que l'ancienneté s'applique aux choix de vacances, au choix du temps supplémentaire, au rang inversé pour des mises à pied. D'autre part, l'affectation à une tâche ou à un transfert à un poste vacant devrait s'octroyer selon les connaissances et les expériences acquises du travailleur.
- Pour une affectation à un nouveau poste, il est plus juste et équitable de faire passer des tests d'aptitude ou de proposer des stages temporaires où se feront des évaluations d'aptitude que de choisir quelqu'un selon la liste d'ancienneté. Ça, ça se négocie très bien avec les travailleurs.

Donc...

1. Dans notre quotidien, nous, les gestionnaires, sommes-nous engagés à être équitables avec nos gens ?
2. Quels sont les moyens pour le faire ?

- l'engagement des gestionnaires à être équitables envers tous les employés, sans exception
- informer nos gestionnaires sur les moyens à prendre pour ce faire, pour avoir le même discours
- le coaching ou le mentorat personnalisé aux gestionnaires
- des comités de travail pour partager, pour évaluer et décider des différentes situations
- respecter nos valeurs d'entreprise.

> **Être équitable signifie :**
> - être juste envers tous nos employés
> - être constant dans nos actions
> - utiliser des approches respectueuses des besoins de l'individu
> - fournir les outils et les moyens de développement à tous, selon la tâche et l'ambition
> - donner la chance au coureur
>
> **et dans le cas où nous ferions une erreur...**
> **il faut se pardonner et corriger.**

La façon de faire et l'attitude d'un gestionnaire ou d'un représentant en ressources humaines

Nous avons terminé la section précédente sur une note nouvelle dans notre vocabulaire... *se pardonner et corriger.*

Comme nous l'avons lu précédemment, les ressources humaines constituent un service de support pour les dirigeants, pour les employés et les services.

Lorsque l'on fait appel à vous, c'est habituellement lorsque ça va plus ou moins bien, ou encore, lorsque la situation dépasse les compétences ou les capacités des gestionnaires quand il s'agit d'aborder une situation problématique.

À la science des ressources humaines, votre personnalité et votre attitude dans votre façon d'aborder les situations sont déterminantes pour l'entreprise et importantes pour vous.

Et oui, votre attitude est importante pour vous...

Vous comprendrez que le job de représentant aux ressources humaines demande beaucoup de discipline et un caractère fort pour encaisser les problèmes des autres sans en être affecté.

Il faut donc avoir la faculté de l'évasion intellectuelle... et lorsque l'on fait une erreur, il faut savoir se pardonner pour mieux la corriger.

> **Alors, comme pour les autres employés pour lesquels nous avons de la compassion, de la patience, un sourire...**
>
> **On fait de même pour soi.**

Ouais...

Nous pardonner nous-mêmes lorsque nous faisons une erreur pour ensuite corriger le tir.

Quelle doit donc être l'ATTITUDE d'un gestionnaire et en particulier d'un représentant des ressources humaines ?

Votre attitude doit être empreinte de :

➢ discrétion
- dans vos discussions
- dans vos communications (*interne & externe*)
- dans vos recherches

➢ d'ouverture d'esprit
- à de nouvelles idées
- à de nouvelles situations et solutions
- aux préoccupations humaines

➢ d'énergie
- être une ressource « humaine »
- être jovial et enthousiaste
- avoir confiance en vous

➢ positif
- une personne de confiance
- une personne qui encourage les autres
- une personne qui a de la vision

> Vous devez être une référence pour les gestionnaires de l'entreprise, la personne ressource auprès de laquelle on peut trouver un encouragement, une motivation, et, en toutes circonstances, les fondements de nos valeurs d'entreprise.

Quelle doit être la Façon de Faire d'un gestionnaire et en particulier d'un représentant des ressources humaines ?

Votre façon de faire doit être :

- de contacts
  - personnalisés, individuels
  - mémoriser les prénoms
  - mémoriser qui sont les familles des employés et leurs liens familiaux
- de disponibilité
  - être disponible pour tous les employés
  - être présent physiquement et psychologiquement lors d'une rencontre avec la personne
  - être libre de son agenda et de son emploi du temps
- une personnalité accueillante
  - avec le sourire
  - avec de la compassion
  - par une présence intellectuelle
- votre discours
  - doit avoir à la fois de la poigne et de la compassion
  - doit être honnête, franc et crédible
  - doit être respectueux des valeurs humaines et de l'entreprise

N'oubliez pas...

> **Vous devez être une référence pour les gestionnaires de l'entreprise, la personne ressource auprès de laquelle on peut trouver des solutions, des idées nouvelles et en toute circonstance, les fondements de nos valeurs.**

Questions ...

1. *Dans notre quotidien, sommes-nous constants dans nos décisions, notre approche, notre discours ?*
2. *Et votre sourire... l'affichez-vous tous les jours ?*

Pour faciliter vos relations...

> **Vous devez être une ressource « humaine » proche de vos employés.**
>
> **Vous devez personnaliser vos contacts avec les employés.**

Et les conflits entre gestionnaires...

Il y a les conflits de personnalités et d'opinions entre gestionnaires, des situations délicates et émotives.

Vous souvenez-vous des gestionnaires difficiles *(2 X 4 // 4 X 4)* à la leçon 18...

Il y aussi les « pas ma faute » ou ceux qui mettent plus d'énergie à se défiler qu'à exécuter, les « pas faisable parce que ». :

Quelle sera votre attitude face à ces types de gestionnaires ?

OUPS !!!

De tels gestionnaires peuvent causer de sérieux problèmes au sein de l'équipe de gestion.

> *Vous pourriez même remettre en question*
>
> *votre implication au sein de l'entreprise...*

Ouais !

J'avoue avoir hésité à aborder cette situation parce qu'elle peut impliquer une réflexion sérieuse et des remises en question sur votre cheminement et vos ambitions dans l'entreprise...

Alors on fait quoi ? Car un tel contexte est probablement le contexte le plus ambigu et le plus délicat que vous aurez à traiter.

Vous demeurez en poste ou vous quitter ?

Si vous décidez de demeurer au poste...

Comment aborder cette situation ?

1. Ne vous lancez pas dans une guerre fratricide, vous y perdrez probablement votre crédibilité et vos moyens face aux gestionnaires. N'oubliez pas que les détracteurs, les grands parleurs, ont des supporters à leurs façons de faire.

   « Y en n'aura pas de facile » comme il disait.

2. Le temps, votre patience et votre attitude sont vos armes pour un tel débat... et débat ce sera...

3. Soyez documenté, allez chercher des appuis d'experts ou d'analystes pour soutenir votre discours, mais surtout, surtout, n'utilisez pas les employés ou les représentants syndicaux pour vous seconder et défendre votre position !!!

4. Exposez votre position « diplomatiquement » en respectant la hiérarchie, au D.G. ou aux dirigeants de l'entreprise, par écrit, sous forme de rapport.

5. Habituellement le règne d'un tel gestionnaire est de courte ou moyenne durée. Durant cette période, il vous faut soutenir le même discours « diplomatique », comme pour le supplice de la goutte d'eau.

Mais attention, pas de jets d'eau...

Patience et Tact !

Soyez réaliste...

et ne vous laissez pas affecter par les situations.

Et gardez le sourire !

Le RÔLE d'un représentant des ressources humaines

Le service des ressources humaines est unique dans l'entreprise, il en est le reflet humain.

Force est de conclure qu'un représentant du service R-H doit être « humain », et comprendre les besoins et les préoccupations des employés.

Parmi les responsabilités d'un représentant R-H, il y a les rôles :

- de recruteur
- d'évaluateur de potentiels humains
- de développeur de formation
- de communicateur
- et souvent de confident

Pour exécuter ces mandats, il faut être proche de ses gens et connaître leurs environnements de travail.

Ceci implique de connaître en détail :

- les opérations
- les objectifs des services
- l'environnement de chacune des positions de travail
- les confrères et consœurs de travail
- le cadre hiérarchique

> **Si cela vous est possible, une bonne façon de connaître et comprendre le contexte de travail de vos employés, est de vous impliquer en les accompagnant dans leurs tâches quotidiennes pendant une ou plusieurs journées.**

Dans un contexte de profits et de production, votre rôle peut être ingrat. C'est pourquoi, il survient parfois des discussions assez mouvementées entre le service R-H et les différents services qui ont des objectifs techniques et de production à atteindre... Normal.

Quelle serait votre position dans de telles situations ?

La solution est de classifier les situations par motifs. Il y a des motifs collectifs et des motifs individuels.

Exemples :

1. Un employé est la cause d'une situation de qualité médiocre et le service conclut de s'en départir.

   Avant de donner suite à la conclusion du service, vous devez savoir si l'employé a des besoins de formation et si par une formation, il pourrait exécuter ses tâches de façon satisfaisante, et... considérant la personnalité et les connaissances de l'employé, est-il affecté à la bonne tâche ?

2. Un manque de travail dans un secteur de l'entreprise oblige la mise à pied de un ou de plusieurs employés.

Vous devrez trouver le moyen de soit, reclasser les effectifs ou de planifier des mises à pied par des négociations individuelles ou collectives.

À vous de faire la distinction, et être équitable envers l'employé...

et voir à la rentabilité de l'entreprise.

Donc...

Suis-je constant dans mes applications, mes décisions, mes approches ?

Suis-je patient ?

Ai-je une vision ?

Votre empreinte...

> **Constance...**
> **Patience...**
> **Vision...**
> **et S.V.P...**
> **Pas de favoritisme ! Pas d'improvisation !**

Et gardez toujours le sourire !

Les REPRÉSENTATIONS à l'Externe

Parler de l'entreprise, la représenter dans notre milieu et auprès des organismes, aider et supporter des causes communautaires, sont des réalisations efficaces, valorisantes et qui donnent l'image d'un bon citoyen dans votre milieu.

Vous croyez que les énergies, les efforts et les investissements dispensés dans votre milieu sont vains ?

Votre milieu vous reconnaît à vos efforts de participation et à l'aide que vous octroyez pour l'essor de la région, à vos implications auprès des jeunes et à vos offres de stages. Ces initiatives sont bénéfiques pour l'entreprise.

Être présent dans votre milieu est la publicité la plus efficace, facile à réaliser et c'est un support pour votre milieu.

Le retour n'est pas toujours immédiat. Vous vous bâtissez une réputation et ça demande du temps. C'est en quelque sorte un investissement auquel vous devez tenir compte.

Les retours sur cet « investissement » prennent différentes formes :

➢ des appuis politiques à tous les niveaux
➢ des partenariats
➢ des appuis de citoyens et d'organismes
➢ des candidatures exceptionnelles
➢ une crédibilité enviable parmi vos compétiteurs
➢ une reconnaissance humaine

Être un bon citoyen corporatif fait de votre entreprise un modèle, une fierté et une entreprise pour laquelle il fait bon travailler.

Les grandes entreprises ont un service et des employés qui les représentent. Elles dégagent des budgets importants pour être de bons citoyens corporatifs et cela leur crée une image de marque et une publicité humaine.

Et pour les plus petites entreprises...

Nous avons lu précédemment les différents moyens de représentation. J'aimerais à nouveau attirer votre attention sur l'importance d'impliquer vos employés, ils sont vos plus fidèles ambassadeurs dans la communauté.

Il faut les gâter, vos ambassadeurs, les équiper d'articles, de vêtements promotionnels de l'entreprise, payer les frais d'inscription aux activités, etc.

Il faut les gâter !!!

> À vos programmes de reconnaissance des employés, n'oubliez pas de reconnaître vos ambassadeurs.

Vous...

1. *De quelles façons êtes-vous présent dans votre milieu ?*
2. *Reconnaissez-vous et encouragez-vous les efforts de vos ambassadeurs ?*
3. *Êtes-vous un "one man show" ?*

OUPS !

Lors de représentations ou de contacts à l'extérieur...

> **La discrétion est de rigueur.**
>
> **La représentation externe n'est pas une plateforme pour discuter des problèmes internes de l'entreprise.**
>
> **Cette représentation ou ces discussions à l'extérieur de l'entreprise doivent être POSITIVES.**
>
> **La critique n'est vraiment pas de mise.**

Les problèmes à maison...
...restent à maison !!!

Nos VALEURS

Nous terminons ce livre par le plus important des principes, celui qui vous caractérise, vous et l'entreprise... Nos VALEURS.

Nous avons vu l'importance de nos VALEURS et de ces principes de vie au sein de l'entreprise et parmi les employés.

Nos VALEURS doivent être claires, appliquées avec discipline et rigueur tout en ciblant nos objectifs d'entreprise !

Nos VALEURS d'entreprise influencent :

- ➢ nos politiques internes
- ➢ nos relations avec nos clients
- ➢ nos activités commerciales, industrielles

> notre climat de travail, notre environnement de travail

> nos décisions, *toutes nos décisions*

Ce sont nos VALEURS qui nous guident dans notre quotidien.

Nos VALEURS d'entreprise doivent cibler 5 priorités majeures :

> le client

> les relations harmonieuses avec nos employés

> le respect des ententes, et entre les personnes

> l'implication des gestionnaires et des employés

> le dépassement

Ce que ça signifie...

Nos VALEURS d'entreprise sont une assurance pour votre client.

Nos VALEURS d'entreprise inspirent confiance et elles sont un avantage à faire des affaires avec vous.

Nos VALEURS d'entreprise représentent la déclaration de vos intentions à vos employés.

Il est très important de communiquer nos VALEURS d'entreprise aux employés et aux gestionnaires, de les afficher, de les faire appliquer et de vous y référer quotidiennement.

Un manquement à l'une d'elle est :

> un bris de confiance entre votre client et votre entreprise

> un manquement grave à la crédibilité de l'entreprise

> un manque de respect envers vos employés.

Nos VALEURS d'entreprise sont une garantie pour nos employés et nos clients, équivalant quasiment à un ISO attestant votre attitude et votre crédibilité.

En résumé, de ce monde merveilleux
Du Savoir-Faire en ressources humaines...
Vous aurez le respect de vos troupes si vous développez :

➢ Ces facultés à votre ATTITUDE :
- Admettre ses erreurs, mais aussi les Corriger
- la Cohérence dans vos décisions et actions
- la Compassion
- les Consultations
- la Fermeté dans un gant de velours
- être Juste et Équitable
- la Patience
- être Positif
- le Respect des autres
- le Tact
- être Visionnaire

➢ Les qualités des votre PERSONNALITÉ :
- un Accueil chaleureux
- une Discrétion respectueuse
- un Doigté professionnel - *ne pas expédier*
- des Communications efficaces
- un Esprit de Servir
- une Implication personnelle et humaine
- un Sourire communicateur

➢ Les VALEURS de l'entreprise
- le respect
- le souci du service-client
- la préoccupation de ses employés
- le dépassement en équipe
- vos priorités

Si vous faites ainsi, vous réussirez !!!

Et les vôtres... VOS VALEURS PERSONNELLES...

> **Les ressources R-H et les bons gestionnaires sont des gens d'affaires conciliants ayant des principes et des valeurs humaines.**
>
> **Vous êtes personnellement les gardiens des valeurs de l'entreprise.**

Dernière question ???

Compliqué la gestion de vos ressources humaines ?

NON !

Vivez Vos Valeurs !
Ouais !

*Et votre boîte, de vieux principes
...qu'est-ce qu'on en fait ?*

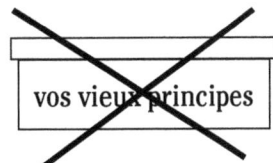

TABLE DES MATIÈRES

Note aux Lecteurs 4

Préface 5
Introduction aux ressources humaines 7
Pourquoi les R-H - le modèle québécois ? 7

La partie théorique...
0.1 La gestion de nos ressources humaines 12
0.2 Le parfait représentant R-H 12

Leçon 1 13
Donc le RÔLE du service des ressources humaines ? 13
1.1 Au service de la direction 14
1.2 Au service des autres services 14
1.3 Au service des employés 15
1.4 L'Équilibre 15
En résumé... 16

Leçon 2 17
2.1 L'énoncé de votre mission 17
2.2 Votre professionnalisme 18

Leçon 3 19
3.1 Dossiers papier 19
3.2 Atmosphère et le sourire S.V.P. 20
3.3 Moyens de communications 20
3.4 Les effectifs R-H 21
3.5 Votre personnalité 21

Leçon 4 23

Leçon 5 25
5.1 Déceler les réactions 26

Leçon 6 29
6.1 Votre rencontre avec le service demandeur 30
6.2 La présélection des candidatures 32
6.3 Les Entrevues 32

6.4	Votre entrevue, celle RH...	33
6.5	L'examen médical de pré-embauche	38
6.6	Les Tests	38
6.7	La rencontre du candidat avec le service demandeur	39
6.8	L'Embauche	39
6.9	Un guide de l'employé	40
6.10	L'introduction à l'entreprise	41
6.11	Maintenant que nous avons embauché l'employé, ce qu'il faut faire pour qu'il demeure employé	41

Leçon 7 .... **43**

7.1	Quel est le contenu d'un dossier d'employé ?	43

Leçon 8 .... **45**

8.1	L'évaluation	45
8.2	L'évaluation PROBATION	45
8.3	L'évaluation annuelle...	47

Évaluation d'un employé non-cadre 48
Évaluation d'un cadre 48
Explication du processus 49
Étape 1 : la composition du comité d'évaluation 49
Étape 2 : la session d'évaluation du comité d'évaluation ... 49
Étape 3 : les classifications dans le processus 50
Plan A 50
Plan B 51
Leadership 51
Communication 52
Esprit d'équipe 52
Respect des autres 53
Qualité du travail de l'individu 53
Innovation 53
Initiative 53
Gestion de temps 54
Qualités administratives 54
Planification du travail, développement de projets 54
Capacité d'apprentissage 54
Capacité à faire face à l'ambiguïté 55
Connaissances et expériences pertinentes 55

Étape 4 : Les augmentations des salaires et les primes 55
Étape 5 : l'évaluation d'un plan d'amélioration au travail 56
Étape 6 : le feedback à l'employé ou au cadre 56
8.4   Les Objectifs 57
8.5   Les ambitions de l'employé 60

Leçon 9 .... **61**

Les formations sont très appréciées des employés 63
9.1   Une formation comporte 3 volets : 64
9.2   La formation qui améliore une attitude personnelle 67
9.3   La formation qui développe un employé potentiel 68
9.4   La formation en partenariat avec le ministère
        de l'Éducation 69

Leçon 10 .... **71**

10.1   Le sens à donner à une mesure disciplinaire 71
10.2   Le but ou l'objectif d'une mesure disciplinaire 72
10.3   Qui pilote une mesure disciplinaire ? 72
10.4   Les étapes des mesures disciplinaires 72
10.5   Quand devons-nous utiliser une mesure disciplinaire ? .. 77

Leçon 11 .... **79**

Leçon 12 .... **81**

12.1   La communication informe sur : 81
12.2   La communication doit cibler par des moyens efficaces . 82
12.3   La communication doit être constante dans la forme ... 82
12.4   La communication doit impliquer les employés 83
12.5   Quelle devrait être votre façon de communiquer ? 83

Leçon 13 .... **85**

13.1   La CSST 86
13.2   Comment traiter un dossier CSST 87
13.3   L'assignation ou l'affectation temporaire d'un
        employé victime d'un accident 88
13.4   Les contestations de dossiers CCST 89
13.5   La santé publique du Québec et les CLSC 90
13.6   Les obligations administratives de l'entreprise en SST . 90
13.7   Les produits dangereux et le système SIMDUT 91

Leçon 14 .... **95**

14.1	L'agence de surveillance (sécurité)	96
14.2	Les contrôles internes	96
14.3	Les zones protégées	97
14.4	Le degré de protection par zones de travail	98
14.5	Les équipements informatiques	99
14.6	Le mobilier	99
14.7	La responsabilité d'une personne clé - *entente de confidentialité et de non-concurrence*	99
14.8	Le service responsable de la sûreté du bâtiment	100
14.9	Les enquêtes	100
14.10	L'entretien du bâtiment et du terrain	101
14.11	Le rôle du service des ressources humaines	101

Leçon 15 .... **103**

15.1	Le rôle du ministère de l'Environnement	104
15.2	La gestion des déchets de produits dangereux	104
15.3	Faire le tri des déchets est profitable	105
15.4	Comment disposer des déchets de produits dangereux	105

La partie pratique...

Leçon 16 .... **109**

16.1	La sécurité physique de la personne et de sa famille	110
16.2	Une fierté à bâtir et à réussir	110
16.3	L'encouragement et la reconnaissance	110
16.4	Une vie sociale	110
16.5	L'argent	111

Leçon 17 .... **113**

17.1	Le client	114
17.2	Les relations avec vos employés	114
17.3	Le respect des ententes, et entre les personnes	114
17.4	L'implication des gestionnaires et des employés	114
17.5	Le dépassement	115

Leçon 18 .... **117**

Leçon 19 .... **121**
19.1   Le journal interne 121
19.2   Un club social des employés............................... 121
19.3   Les activités de l'Entreprise................................ 122
19.4   Le Club de reconnaissance des employés 123
19.5   Un centre de références et d'information 124
19.6   Le volet communautaire....................................... 124
19.7   Votre implication communautaire 125
19.8   Communiquez et publicisez vos activités 125

Leçon 20 .... **127**

Leçon 21 .... **129**
21.1   Un mouvement de syndicalisation dans votre entreprise 130
21.2   En ce moment, quels sont vos sentiments à propos de la syndicalisation dans votre entreprise ?................ 130
21.3   Les côtés positifs d'une association ou d'une syndicalisation 131
21.4   Votre rôle R-H lors d'une négociation 131
21.5   Les membres de votre comité de négociation 132
21.6   Les supports nécessaires à votre comité 133
21.7   L'endroit où se tiennent les séances de négociations.. 133
21.8   Les étapes d'une négociation............................... 133
21.9   Les moyens de pression d'un comité négociateur syndical 134
21.10 Les points couverts dans une entente ou convention collective.. 136
21.11 Les points qui requièrent votre attention dans une convention collective.............................. 137
21.12 Faut-il précipiter et à qui bénéficie de faire vite lors d'une négociation 137
21.13 Ce qu'il faut avoir en mémoire lors d'une négociation... 138

Leçon 22 .... **139**
22.1   L'analyse d'un accommodement raisonnable 140
22.2   Ce qu'il faut considérer 141
22.3   Faut-il être discret ?... 141

Leçon 23 .... **143**

23.1 Les réseaux de diffusion 143
23.2 Les contacts 143
23.3 En quoi doit consister votre message 144
23.4 Et on martèle le message 145
23.5 Votre logo 145
23.6 Votre slogan 146
23.7 Les dons en argent, les commandites et les dons
      en temps et en support 147

Leçon 24 .... **149**

24.1 Quels sont les avantages d'une subvention
      pour une entreprise ? 149
24.2 Comment trouver l'aide qui vous convient ? 150
24.3 Quelles sont les situations pour lesquelles une
      entreprise peut bénéficier d'une subvention et
      d'une aide gouvernementale ? 150

Leçon 25 .... **153**

Les Grands Principes du Savoir-Faire en R-H...

Le BIEN-ÊTRE physique et psychologique de nos gens 158
L'art de la COMMUNICATION 159
Nos décisions 161
ÊTRE ÉQUITABLE dans nos conditions de travail 163
La façon de faire et l'attitude d'un gestionnaire ou d'un
      représentant en ressources humaines 165
Le RÔLE d'un représentant des ressources humaines 169
Les REPRÉSENTATIONS à l'Externe 171
Nos VALEURS 173

MATÉRIEL ADMINISTRATIF - *formulaires, politiques internes*
Disponible sur le site : www.recherches-solutions.com

DANS
Les ressources humaines
Le modèle québécois
VOLUME 2

Nous traiterons des sujets suivants :

➤ l'Amélioration continue

➤ le Brainstorming, le Sondage - *l'opinion de nos gens*

➤ les Comités employés-employeurs

➤ les Stratégiques - *développement, relève, opérer sans gras*

➤ vos Présences sur les planchers

➤ les Rencontres - *quotidiennes, hebdo, mensuelles*

➤ les Structures organisationnelles - *organigrammes*

➤ les Tendances en R-H - *les bonnes et moins bonnes*